（深化课程教学改革丛书）

四图两表

——可视化的学校课程规划

吴　灯　朱静萍　方晓霞◎主　编
毛　擘　李仁杰　邓向阳◎副主编

北京师范大学出版集团
BEIJING NORMAL UNIVERSITY PUBLISHING GROUP
北京师范大学出版社

图书在版编目（CIP）数据

四图两表：可视化的学校课程规划 / 吴灯，朱静萍，方晓霞主编. — 北京：北京师范大学出版社，2023.11
（深化课程教学改革丛书）
ISBN 978-7-303-26525-1

Ⅰ. ①四… Ⅱ. ①吴… ②朱… ③方… Ⅲ. ①多媒体教学-教学研究 Ⅳ. ①G434

中国版本图书馆 CIP 数据核字（2020）第 229900 号

SITU LIANGBIAO—— KESHIHUA DE XUEXIAO KECHENG GUIHUA

出版发行：北京师范大学出版社 www.bnupg.com
北京市西城区新街口外大街 12-3 号
邮政编码：100088
印　　刷：天津中印联印务有限公司
经　　销：全国新华书店
开　　本：710mm×1000mm 1/16
印　　张：11
字　　数：210 千字
版　　次：2023 年 11 月第 1 版
印　　次：2023 年 11 月第 1 次印刷
定　　价：56.00 元

策划编辑：刘 一　　　　　　责任编辑：刘 一
美术编辑：姚昕彤　　　　　　装帧设计：汉风唐韵　楠竹文化
责任校对：段立超　　　　　　责任印制：李汝星

前　言

　　教育是一段又一段的美好旅程，重庆市南岸区最近两轮六年的教育综合改革，是一场攻坚克难的蝶变，也是一段历久弥新的历程。回望这段历程，就是一场深刻的自我剖析与复盘。这六年来，为促进区域教育内涵发展，推进教育现代化进程，我们蹒跚起步，尝试、探索、变革，秉承着南岸区课改精神一路走来。

　　2012 年 5 月，重庆市南岸区人民政府与教育部基础教育课程教材发展中心（以下简称"中心"）签订共建国家级综合改革示范实验区合作协议，开展区域课程改革（以下简称"一期课改"）。力求从科学定位、专业引领、实践创新入手，选择以课程领导力建设为区域教育综合改革的突破口，探索西部地区区域整体推进课程育人、促进教育综合改革的实践之路。

　　实验区成立之初，中心组织全国知名专家 18 人立足南岸区实际，开展南岸区中小学、幼儿园的全域发展调研。发现南岸区具有良好的发展基础和强烈的发展愿望，区域学校、教师的课程理念和课程建设能力亟须提升，需要进行区域和学校的整体思考和规划。在前期综合调研和反复论证的基础上，基于南岸区都市核心功能区和拓展功能区的区域经济社会定位，南岸区一期课改选择以课程领导力建设为教育综合改革的重要抓手，制定了课程领导力建设三年实施方案。

　　课程领导力建设包括课程规划、课程开发与实施、课程管理与评价等课程建设的全方位变革。在区域整体推进建设实践中，学校校情、学情的千差万别，各校建设发展的特色多元，区域整体规划注定不能千校一面。最终决定以"开展学校课程规划编制"为行动起点和实施突破口，叩开南岸区课程建设的大门。南岸区以动员会、培训会、校情学情 SWOT 分析会等活动，将全区每一所学校纳入其中，引领学校做好编制科学的学校课程规划的准备。学校课程规划要进行国家课程和地方课程的校本化表达，具体呈现学校自身对课程价值、课程制度及课程文化等问题的思考与设想，也是学校实现育人价值的实施路径与有力保障。科学有效的课程规划能适应课程管理制度变革的要求，引导学校有序优质地发展，推动学校多元特色的创建。区域开展学校课程领导力建设"论道活动"，引领校长砥砺思想、碰撞智慧、交流经验，形成每所学校的教育哲学体系，引领基于实际制定满足学生和学校发展需求的规划。

　　2015 年 5 月，重庆市南岸区开展学校课程领导力建设中期评估活动，通过实地评估和现场答辩两个环节，重点围绕学校课程规划编制的成效与问题进行全面检阅和指导，最终形成了南岸区一校一规划的格局，并在同年10月的第二届全国基础教育课堂教学改革研讨会上以课程博览会的形式全面展出，并由人民教育出版社出版《区域推进下的学校课程规划编制实践》一书，全方位多角度展示全区学校课程规划编制的成果，叙写着南岸区课改故事。

2016年4月，南岸区政府与中心再度携手共建，启动南岸区深化课程领导力建设促进教育综合改革（以下简称"二期课改"），确立了全面落实"立德树人"根本任务、持续深化课程领导力建设、聚焦学生发展核心素养等重要领域的教育改革任务。通过复盘一期课改，开展阶段性的自我学习、问题反思。学习前期总结的理论，吸取经验教训，拆解课程领导力建设之学校课程规划编制、"三层三环五力"课程育人行动体系等典型案例，分析利弊得失，发挥内省的作用，觉察短板，挖掘价值，复盘中赋予其更科学的流程和方法，提升建设能力，形成本土典型经验并运用于二期课改建设。

二期课改中，南岸区以基于核心素养的课堂教学改革为必选项目，统筹"课程、教学、评价、研学"四大项目群十四个项目建设。全区中小学、幼儿园依据校情、学情与发展目标，针对课程育人与课程改革的实际需求，通过必选、自选、自荐的方式，确定学校的课改项目，从不同层面和角度，整体推进区域教育综合改革。其中，学校课程规划是一个动态的、循环的、不断更新的过程。它是一期课改的重点及基础工作，同时在以课堂教学变革为主的二期课改中，延续了顶层设计的功能，并作为指挥棒指导学校开展基于核心素养的课堂教学改革等十四个项目的工作。我们由2014年最初的学校课程规划文本编制1.0版本，更新到2016年学校课程规划可视化表达"三图两表"2.0版本，再完善至2018年学校课程规划可视化表达"四图两表"3.0版本，涵盖了SWOT战略分析图、培养目标图、课程层级图、课程群图、课程设置表和课时安排表。正是因为这样的革新与变化，才能使它可以持续作为学校课程建设的基准，有理可述、有据可依，学校课程建设才能适应学生未来发展，满足教师专业成长，推进学校特色建设。

本书是对重庆市南岸区可视化课程规划编制的经验梳理与理论探寻，全书分为八个章节。第一章指向学校课程规划可视化的新视角。第二章至第七章围绕"四图两表"：SWOT战略分析图、培养目标图、课程层级图、课程群图、课程设置表和课时安排表分章展开评述，每一版块包括概述、部分学校案例展示及剖析。第八章展示"四图两表"的综合应用，梳理内在逻辑，呈现区域学校可视化课程规划综合案例。书中案例涵盖南岸区大部分学校，均由所在学校相关教师撰写供稿，凝聚了全区各校的教育智慧。

目 录

第一章　规划与"规画"：学校课程规划的新视角

一、建立愿景：学校课程规划的核心要义

(一)学校课程规划的价值起点

1. 学校课程规划的基本内涵

(1)课程源流

课，在中文语境中，从构造上看是形声字。篆文从言，果声。隶变后楷书写作"課"。如今类推简作"课"。《说文解字·言部》："课，试也。从言，果声。"本义为按规定的标准考核、考验。后演变为多义，其中之一即为按规定的内容分段教学或学习。如《自述苦学》："苦节读书，二十已来，昼课赋，夜课书，间又课诗，不遑寝息矣。"综上，我们可以分析出"课"的核心点就是：先言后果，言为标准、以言试果、果为追求、言果一致。

程，从构造上看是形声字。篆文从禾，呈声。《说文解字·禾部》："程，品也。十发为程，十程为分，十分为寸。从禾，呈声。"本义为度量衡的总名。后演变多义，但均与度量衡相关，进而引申指事务发展的经过或进度。① 综上，我们可以分析出"程"的核心点是：度量，度时间长短、度空间大小、度进度快慢，进而度人的生成。

课程，在古代汉语中指功课的进程。如《朱子全书·学六》："宽著期限，紧著课程。"②在近现代，东西教育文化交流之际，逐渐演变为学校教学的科目和进程。1873年丁韪良等《中西闻见录》第2号："闻中国有大员二人，司员数人，携生童三十名，于上月初七日从上海前往美国，俾该童等学习洋文、格物以及各种技艺。二大员内有一员，其先在美国学院七年，比满课程，始回中国。"③综上，我们可以看见从"课"与"程"到"课程"一词使用，字词内涵突然变得很是特指，并进而显得狭窄与单一，但随着课程与教学论的研究不断深入与

---

① 谷衍奎.汉字源流字典[M].北京：华夏出版社，2003.
② 徐复等.古代汉语大词典[M].上海：上海辞书出版社，2007.
③ 黄河清.近现代辞源[M].上海：上海辞书出版社，2010.

丰富，课程一词的内涵也变得丰满起来。

课程，所对应的英文通常有 course 和 curriculum 两词。Course，在韦氏词典中，其核心释义为：the act or action of moving in a path from point to point；the path over which something moves or extends。Curriculum，其核心释义为：the courses offered by an educational institution；a set of courses constituting an area of specialization。综上，我们可以分析出，curriculum 就是一系列的 course，并且是特指教育领域；而 course 强调的是 path，即路径。

（2）规划源流

规，会意字。篆文从夫（成人），从见。古人认为"女智莫如妇，男智莫如夫；夫也者，以智帅人者也"，故用成人之见会有法度之意。《说文解字·夫部》："规，有法度也。从夫，从见。"[①]后用作动词，演变为谋划之意。综上，我们可以分析出，规即谋，其方向为知者之见，其应用为必须遵守之法度。

划，会意兼形声字。从刀，从画。本义指用刀或其他尖锐物把东西割开、分开。《说文解字》："锥刀曰划。"[②]由此，我们可以看出，理想的"划"不是生硬的分割，而是依其纹理而割，从而游刃有余。

规划，作为一个词语，在近现代以来词义比较单一，主要指作计划，尤其是指比较全面的长远的发展计划。[③] 由此，我们可以看见，规划一词在时间维度上作了新的拓展。规划，其对应的英文主要为 programme 和 plan。[④] Plan 本义比较接近中文计划，同时它在内涵上强调了细节（detailed）；programme 则更注重程序化的计划。

（3）课程规划内涵的四个维度

课程规划的对象：课。课程规划，其研究与工作的对象不是教师，也不是学生，是师生紧密相关、与之共存的课业，即学习内容标准。

课程规划的内容：程。课程规划，其研究与工作的核心内容，是将课业或者学习内容标准度量化，建立一个又一个的里程碑。

课程规划的形式：规。课程规划，其研究与工作最后的呈现，即是以人类智慧结晶为导向，建立一系列关于教师教、学生学的法度。

课程规划的方法：划。课程规划，其研究与工作的主要方法是"划"，即以一种或多种认知工具或思维框架，依照某种标准，将课业分解分开，从而建立

---

① 谷衍奎．汉字源流字典[M]．北京：华夏出版社，2003．
② 李学勤．字源[M]．天津：天津古籍出版社辽宁人民出版社，2012．
③ 黄河清．近现代辞源[M]．上海：上海辞书出版社，2010．
④ 外研社辞书部．现代汉英词典[M]．北京：外语教学与研究出版社，2001．

"程"，进而形成"规"。

2. 学校课程规划的基本价值

（1）学校课程规划是学校教育哲学的核心体现

一所学校的灵魂就是该校的教育哲学体系。从理论上来看，每一所学校都有自己的教育哲学体系；从实践层面上看，有些学校的教育哲学是鲜明提出的成系统条文的，有些学校则是没有明确成文的沉默型体系。学校教育哲学体系通常具体体现为学校的办学理念与培养目标，办学理念与培养目标要落地，其核心就在于课程建设，因为课程是学校所提供的核心产品或服务。另一方面，课程规划既是学校教育哲学的承载点，也是学校教育哲学的生发点与引领点。因为课程规划者总是在学校教育哲学的影响下做出规划，而教师又是在课程规划的引领下去落地学校教育哲学。在近百年来，有四种教育哲学流派对课程规划者产生了深远影响。那就是，要素主义、永恒主义、进步主义与建构主义。这些哲学思想对当今的影响依然清晰可见。因为对学习是如何发生的问题的回答、对课程本身的理解、对学习者学习经验的研究，影响着我们对学校课程规划的认识与行动。

（2）学校课程规划是学校课程建设的基础工程

学校课程规划是学校课程建设的起点，也是课程建设的终点。学校课程规划是学校提供给学习者的课程蓝图，是学校课程领导力的必然要求和重要体现，是课程理想变为课程现实的路径。学校课程规划也是学校依据国家和地方课程政策，为了实现自己的培养目标所采取的一种课程领导行为。从国家到地方，从地方到学校，课程规划与实施越是接近教学第一线，所遇到的情况越具体、越充满着不确定性，就越需要对预设的课程方案进行调适、变革乃至创新。[1] 在三级课程管理体制中，学校课程规划具有更强的问题解决意识和现实针对性，成为学校课程建设的起点。另一方面，每一轮的课程建设，其终点不应止于课程评价，而是止于新一轮的课程规划，以上一轮的课程评价改进下轮的规划。

（3）学校课程规划是迈向现代化教育的关键环节

教育改革的方向是教育现代化，课程改革的方向是课程现代化，其本质是以现代性的价值观对课程规划进行统摄，促进"教程"向"学程"转变，培育师生现代性，提升社会现代性特征。在这个过程中，如何将现代性的培育科学合理地融入课程中，就首先落到学校课程规划这项任务中来。因此，学校课程规划成了学校迈向教育现代化的关键环节之一。另外，学校课程规划也是学校和教师就课程决策与开发发出自己声音的核心平台。通过课程规划，学校和教师能够有效地参与课程决策，进而促进课程民主化理念的有效落实。当课程民主化

---

① 何善亮. 东庐中学教育变革研究[M]. 南京：南京师范大学出版社，2014.

从理论与意识走向一种文化和实践时，学校课程规划就成为学校当然的选择，也是课程民主化与现代教育理念付诸实践的必然结果。①

(二)学校课程规划的逻辑起点

1. 学校课程规划的基石

(1)社会影响

学校课程是社会系统的组成部分，必然受社会系统的直接与间接影响，从而融入甚至改变社会系统。社会对学校课程规划的影响是全方位、多因素的，但又相对间接一些，其中最主要的是三个因素，即国家与社区需求、政策要求、技术发展。国家性质直接规定着学校课程规划的政治性质与意识形态方向，社区为学校课程规划提供最直接的现实土壤；国家、省市各级教育政策及课程政策，必须贯彻落实到学校课程规划之中；技术发展，尤其是信息技术发展，为学校课程规划提供了更多可能与更丰富资源。

(2)关于知识的认识和处理

学校课程规划总是有意无意与知识的认识和处理直接打交道，什么知识选入、怎么组织知识、如何呈现知识、如何评价知识的学习程度等是课程规划首先要回答的问题，即知识的选择、组织、适切性、呈现与评价等。被选入学校课程规划或被排除在学校课程规划之外的所有知识，其实都包含着某种价值，因为知识并不是价值无涉的日用品或者"本身就好"。同时，同样的知识也可以有不同的组合，可以用不同的逻辑进行组织，不同的方式进行呈现，不同的工具进行评测。

(3)关于人的成长与学习的认识

学校课程规划指向的是人的成长、聚焦于人的学习，关于人的成长规律以及学习科学的发展就成了学校课程规划的核心基石之一。什么构成了人的发展，人的发展包括哪些方面？人的发展应该是指向全面发展的人，德智体美劳都是重要途径，多元智能理论打开了智能领域的多面性。什么构成了人的正常发展，人的发展差异性在哪？人的正常发展具有普适性、阶段性，但也有个体性，课程规划必须面向全体，但又要照顾个体。学习是如何发生的，学习的基本规律是什么？在哲学层面，已经形成了三种主要的学习方法：行为主义方法；整合内驱力理论的方法；环境方法。这些基本的学习方法已经拥有大量的、可辨别的亚理论。②

---

① 徐继存，徐文彬. 课程与教学论[M]. 北京：高等教育出版社，2009.
② 威尔斯，邦迪. 课程开发：实践指南(第六版)[M]. 北京：中国轻工业出版社，2007.

（4）学校现状与未来期许

学校课程规划是根植于学校的课程规划，因此学校现状（含历史积淀）与未来期许是学校课程规划的基本立足点。学校的现状主要包括：学校的基本历史（核心是历史积淀的积极因素，如办学理念、教风、学风、社会口碑等），教职员工状况（尤其是教师的基本素质、心理状态与专业构成等），学生状况（全面深入、多角度的学情分析很有必要），课程资源状况（包括显性资源与潜在资源）。同时，未来发展期许也是学校课程规划的重要影响因素，包括相关领导、教职员工、家长及社会期许，这些期许有可能需要在学校课程规划中得到新的平衡与考虑。

2. 学校课程规划的模式

（1）学校课程规划的内生模式

学校课程规划的内生模式就是在充分了解学校基本情况与尊重学校基本发展需求的基础上，通过探索和创新来由内生成学校独特的个性化的课程规划。其基本通用环节包括：组建团队、确定目标、编制初步方案、专家论证、审核修改、公布规划方案等。其基本特征是：所有的环节核心力量在于学校自身，基础元素在于自身，同时也不断收集整理资料、引入专家与专业资源、吸引广大教职工参与。

（2）学校课程规划的外引模式

学校课程规划的外引模式就是通过引进其他学校或外在途径获得的课程规划方案移植构建本校的课程规划。其基本通用环节包括：组建团队、形成筛选标准、收集获取方案、方案比较评估、校本化修订与审议、公布规划方案等。其基本特征是：遴选优秀校外课程规划方案为蓝本，再适当基于学校情况做调适，形成本校学校课程规划。

（3）学校课程规划的组合模式

学校课程规划的组合模式就是学校将课程分为多个模块，如基础性课程、拓展性课程和研究性课程，然后根据学校的实际情况，将一部分模块的课程规划由学校自主生成，而另一部分模块的课程规划外引于其他的学校。其基本通用环节包括：组建团队、模块分化、模块内生与外引、方案整合、审议与修订、公布规划方案等。采用组合模式，课程模块的划分需要注意两个方面：一是课程模块的划分要能体现学校课程规划的总体目标和学校在课程规划方面的优势，二是课程模块的划分要能充分利用同类学校的优秀规划。[①] 从而根据对

---

① 靳玉乐，董小平．论学校课程的规划与实施[J]．西南大学学报（社会科学版），2007（05）：108－114.

本校优势劣势的分析确定学校自主生成的课程模块和需要从外校借鉴引入课程规划的课程模块，并能对校内外的课程规划进行调整，使其内部一致。

(三)愿景：学校课程规划的价值与逻辑追求

1. 学校课程规划的动力

(1)学校课程规划的动力来源

编制良好的学校课程规划是一项需要高专业投入、高情感投入的工作，需要强有力的动力来源。从源头上来说，学校课程规划的根本动力是人们对优质教育的需求与不充分不均衡的教育发展现状之间的矛盾。从动力渠道来看，有来自外在制度的动力，三级课程管理体制就需要学校通过课程规划，在行使自己课程权力的同时，使国家、地方、学校三种课程权力趋于和谐；也有来自内在发展的动力，新课程背景下，学校课程权力的赋予为学校特色的形成提供了新的契机，学校课程规划成为学校实现整体特色价值的新要求。从人员渠道上来看，有来自领导层的动力，各级政府分管教育领导对教育都有不同的新要求；有来自学校领导层的动力，校长及学校中干课程领导的意识与能力在不断觉醒与发展；有来自学校一线教师的动力，教师课程领导力也在不断提升；有来自家长的动力，家长对学校课程改革的关注与参与在不断深入。

(2)学校课程规划的动力类型

学校课程规划的动力来源多样，类型也是多元的，了解这些动力类型，有助于我们更好地做好学校课程规划。从动力生发途径来看，可以分为元动力与驱动力。元动力就是推动学校课程规划的最根本的动力，就是建设更好的课程，办更优质的教育。驱动力就是其他动力因素，如目标驱动力、利益驱动力、精神驱动力、榜样驱动力和竞争驱动力等。根据作用方式不同，学校课程规划动力可分为直接动力与间接动力。在学校课程规划中，除了要充分调动直接动力外，还需要发挥间接动力的作用。根据作用性质不同，学校课程规划动力可分为正动力与负动力。学校课程规划就是要不断凝聚正动力，转化或消除负动力。

2. 以愿景统整学校课程规划价值、逻辑与动力

以愿景统领与引领学校课程规划，一方面是以"愿"作为课程规划的起点，另一方面是以"景"作为学校课程规划的呈现。

(1)愿：学校课程规划的起点

"愿"作为学校课程规划的起点，实现价值、逻辑与动力的统整，包括三层含义：一是从心，即学校课程规划是学生、教师、家长等利益相关者内心期待的真实表达，是原发之心；二是谨慎，"愿，谨也。"(《说文·心部》)，学校课程规划应谨慎对待各利益相关者、各课程理论、各课程资源等，是专业之心；

三是希望，学校课程规划核心的价值、逻辑与动力即创造共同体式的期许与希望，是博爱之心。

（2）景：学校课程规划的呈现

景，会意兼形声字。篆文从日，从京（高），会日光高照之意。① 本义即为日光，后引申为景色、景况、高大等多义。"景"作为学校课程规划的呈现，在实现价值、逻辑与动力的统整方面包括如下三层含义：一是选定视角，学校课程规划是一个复杂综合体，但其最终呈现却是一个固定的形式，是对愿景的一种描述，就像一束光线从不同角度投射会形成不同的影子，而适宜的呈现视角才能带来更好的效应；二是站在高处，学校课程规划只有站在高处才能更好地着眼全局，但站在高处并不是就大而空，站在高处是为了更好地关注脚下的实践；三是建立景象，学校课程规划应力求建立可感知的景色，例如多利用可视化的图与表，建立多感官接触通道，在人们头脑中形成更丰满的景象。

综上，愿景以它独特的价值与功能很好地统整了学校课程规划价值追求、逻辑体系与动力期待，是学校课程规划应有之追求。

二、可视化表达：学校课程规划编制新方向

（一）学校课程规划愿景与信息可视化

1. 学校课程规划可视化的意义

（1）学校课程规划可视化的基本内涵

所谓学校课程规划可视化，就是将学校课程规划所包含的核心信息以形象生动的信息视图或表格来表达，从而让观者能够从视图中直观、快速地接受并理解这些信息。相较于文本，信息视图更容易被人们所接受，从而提升学校课程规划的引领作用。这是因为我们的大脑与视觉相关的神经元非常发达，处理与视觉有关的工作能力极强，比文本更加快速高效。其实，远在石器时代晚期，早期人类就在洞穴壁上绘制图形，成为最早的信息视图；埃及和中国的象形文字，也可以算作早期的信息视图；ISOTYPE（国际印刷图片教育系统）的出现，更是规范了社会、技术、生物和历史等领域的基本信息视图表达；当今，随着信息技术的发展，人们更是进入了读图时代，学校课程规划可视化表达也就是顺应时代潮流了。

（2）学校课程规划可视化的价值

将学校课程规划以可视化的形式呈现，就拥有了愿景的基本形态，具有如

---

① 谷衍奎．汉字源流字典［M］．北京：华夏出版社，2003．

下优势：一是以视图来传递信息，比纯文字更具有吸引力。生动而形象的视图可以获得更多的关注，从而提升学校课程规划的吸引力与关注度。二是以视图来传递信息，接受速度比文字更快。① 人们的大脑对图像类信息是同步整体处理的，而对文字类信息是循环转化式处理的，所花时间要比图像类信息更长。三是以视图来传递信息，比纯文字更容易理解复杂或高难度信息。人们常常有这样的经验，一张原理图比长长的几页文字更容易理解某个定律或理论。学校课程规划也常常涉及复杂或有一定难度的信息，可视化有助于在全体师生、家长中进行普及。

2. 学校课程规划可视化的方式

学校课程规划可视化的根本途径，就是将课程规划所设定的愿景核心信息转化为可视化的图表，对于不同的信息可以采用不同的图表。通常有以下几种方式：一是统计类信息图，就是使用各种统计图表模型来表达各项数据情况；二是分组类信息图，就是将课程规划的相关信息按照某种逻辑或维度进行分组编排；三是流程类信息图，就是按照时间序列、逻辑关系或位移变化等线索来表达课程规划的推移性流程变化；四是关系类信息图，就是指利用某种分析框架结构，来表现课程规划相关信息点间所存在的特定关系；五是分解说明类信息图，就是将某个课程规划信息拆分为多个元素对象并分别说明；六是对比类信息图，就是将课程规划中两个或以上信息进行对比编排突显差异；七是空间类信息图，也称作地图类信息图，② 就是将课程规划相关信息呈现在空间视图上，通常用于课程资源分布图等；八是表格类视图，就是将课程规划相关信息呈现在表格之中，此类视图稍有特殊，属于非完全可视化视图，介于纯视图与纯文字之间，在大信息量与图像化之间取得平衡。

(二)学校课程规划可视化表达探索

1. 学校课程规划背景与方向：SWOT 战略分析图

学校课程规划的起点与基础是背景分析与战略选择。因此，学校课程规划可以充分借鉴 SWOT 战略分析图，实现学校课程规划背景与战略的可视化表达。即充分应用 SWOT 分析工具，展现学校优势(Strengths)、劣势(Weakness)、机会(Opportunities)和威胁(Threats)，选择适宜的战略发展路径。SWOT 分析是基础，是提供适切课程的基石；SWOT 战略分析是重点，是愿景建设的核心元素之一。

---

① 杨虹. 图解力：信息可视化设计方法与案例解析[M]. 北京：机械工业出版社，2015.

② 李金涛. 信息可视化设计[M]. 北京：人民邮电出版社，2016.

2. 学校课程规划目标指向：培养目标图

培养目标是指在一个专业教育计划指导下，一个人通过相关课程学习后，应该具备的基本素养和综合状态。培养目标是课程规划之纲，是确定课程结构、教学组织形式以及制定教学计划的依据。[①] 另一方面，学校课程规划也是达成培养目标的核心路径。培养目标可以分层可视化表达，如从要培养什么样的学生到学生发展素养维度，再到学生发展素养要点三层，用分层逻辑图表达。

3. 学校课程规划结构Ⅰ：课程层级图

在认知世界时，大脑会将获得的信息进行归类、编组，并通过这些组别快速定位感兴趣的目标。[②] 相应地，在进行课程规划时，将信息按照一定的规则分组与层级处理是降低认知复杂度，提升可视化的重要手段，而层级是不同信息在同一系统中的主次关系，层级能够丰富视觉感受，创造出课程规划的结构美感，根本性的作用是提供一个确定性的课程规划序列，而不是平均用力。课程层级图通常要展现各种课程构成要素及其相互关系，为不同群体学生服务的层级，其实质是课程育人价值和学生经历课程所获得的体现。

4. 学校课程规划结构Ⅱ：课程群图

如前所述，分组是大脑认知世界的基本策略。分组是将各种不同属性的课程元素信息通过特定的逻辑规则组合在一起，形成不同的组别。分组的目的是让信息更加清晰、简单，让观者更容易阅读和理解。在学校课程规划时，需要充分利用可视化的课程群图，展现学校课程领域关系。例如：横向维度基础型课程、拓展型课程、特长型课程等；纵向维度各学习领域课程等。在视觉上分组的方法非常丰富，如通过颜色、形状、大小、空间分布等。

5. 学校课程规划路径Ⅰ：课程设置表

学校课程规划落地的基本路径就是课程设置表与课时安排表。课程设置表是学生学习期间所学课程和学习时数等项一览表，是横向层级和纵向领域的全校所有课程的学期安置表。有了这种表格，可以快速看出每个学生在学校学习期间学习的课程名称，每门课的总时数，学习年段，每周上几学时等信息。此表一般由标题、正表、附注三部分组成。正表包括课程类别，课程名称，上课总时数，每门课在哪个学期上、上几学时等。附注写表格中需要说明的地方，如果内容较多可分条写。

---

① 马晓珍. 美国教育技术学专业课程设置研究[M]. 南京：南京师范大学出版社，2016.

② 顾振宇. 交互设计：原理与方法[M]. 北京：清华大学出版社，2016.

6. 学校课程规划路径Ⅱ：课时安排表

课时安排表是课程设置表的细化，指每个年级所有科目周课时安置表，可以设置长短课时结合。其基本要素同课程设置表，包括标题、正表和附注。两个表格作为学校课程规划的主要路径，介于完全的可视化与纯文字表达之间，在易读易查的基础上，还具有信息量大的特点。同时，两个表格还具有分类与统计（课程模块的分类）、排序与筛选（课程模块价值序列及前后结构）的功能。

第二章　学校课程规划背景与方向：
SWOT 战略分析图

一、SWOT 战略分析图概述：学校课程规划的起点与航向

(一)学校课程规划背景分析

学校课程规划背景，就是对课程规划起作用的历史或现实情况，包括各类支撑因素与影响力量等。学校课程规划，总是在特定背景下编制完善并公布实施的，其生长点与归宿点均在于此，背景分析的全面性、准确性与洞见性是决定课程规划成败的关键一环。课程规划背景分析，通常是综合使用问卷调研、心理测评、个别访谈、集体访谈等方法，既用数据论证，又结合质性分析，主要从地理与社会环境、校情、学情、教师情况、家长情况、课程资源等因素进行分析。其中，核心是校情分析与学情分析。

校情分析，是一所学校对自身综合情况进行全方位分析及审视的过程，强调分析的透彻性、审视的客观性和洞察的深刻性，可从学校历史沿革、当前状况、可用及潜在资源和未来发展可能等多方面进行深入分析，对办学以来的经验、成绩以及存在的不足进行全面的回顾和整理，以期获得新的启发和思考。实施校情分析，应当遵循四条原则：一是民主参与原则，通过多种形式促进全员参与，扩大讨论分析圈子，校情分析的过程也是平等对话和沟通的过程；二是整体性原则，把学校视为一个完整系统，从整体与部分之间相互依赖、相互制约的复杂联系中，揭示出学校内部系统尤其是课程建设部分的特征及规律；三是发展导向原则，既要客观地呈现问题、分析问题，更要侧重资源挖掘转化与未来发展；四是关键环节原则，要分清主次与轻重缓急，不能平均使力，重点锁定并分析影响学校课程发展的关键性因素。在校情分析过程中，除了最常用的问卷与访谈，还可以使用头脑风暴法、问题树分析法、习明纳研讨会（Seminar）、世界咖啡、城镇会议、思维导图、社区大会与社区图等。[①] 在课

---

① 李丹．学校发展规划视野中的校情分析研究[D].上海：上海师范大学，2011.

程规划的校情分析时，可以使用 SWOT 分析法，德尔菲法和标杆分析法。同时也可以综合使用三种方法，在标杆分析与专家小组咨询的基础上做 SWOT 分析，从而更好地选择课程规划战略。另外，学校也可以探索建立基于信息技术的学校校情综合智能分析系统，动态收集分析校情数据。①

(二)SWOT 战略分析图绘制

1. SWOT 分析的基本内涵

SWOT 分析(SWOT analysis)，也叫形势分析，是对影响系统的优势、劣势、机会和威胁的探索，是企业管理理论中一种典型的策略性规划。② SWOT 是英文 Strengths(优势)、Weaknesses(劣势)、Opportunities(机会)、Threats(威胁)的缩写。SWOT 分析就是将分析对象的内部与外部条件逐一列举出来，并将其构造成 SWOT 矩阵，然后再进行系统分析形成战略决策。SWOT 分析是一种全面自我诊断的方法，也是一种结构化的平衡系统分析体系，运用 SWOT 分析法可以较为客观准确地分析和研究一个企业、单位、组织或个人的现实情况，能够帮助我们对系统的内外部环境有一个真实的了解，有助于更好地构建战略以追求使命与愿景。

2. SWOT 战略分析图的绘制要点

绘制 SWOT 战略分析图，通常有三个步骤：一是分析背景因素，即应用前述各种收集资料信息的方法分析出课程规划的各种背景因素，包括外部客观因素(机会因素和威胁因素)、内部主观因素(优势因素和劣势因素)。二是构造 SWOT 矩阵，将得出的各种因素根据轻重缓急或影响程度或价值序列等排序，然后填入 SWOT 矩阵图。三是选择发展战略，即根据 SWOT 矩阵信息与课程发展愿景选择相应发展战略。通常有四种发展战略：SO 战略，依靠内部优势，抓住外部机会，是增长型战略；WO 战略，利用外部机会，克服内部劣势，是扭转型战略；ST 战略，利用内部优势，抑制外部威胁，是多元化战略；WT 战略，降低内部劣势，回避外部威胁，是防御型战略。③ 目前，SWOT 分析还有进一步的细化版，即 SWOT 光谱分析，就是把要素放在优势、劣势、机会、威胁的一个象限后，将每一个象限又划出一个小象限，进一步将这些要素放置在一个小的四象限图里。

---

① 姚争儿，李志奎. 基于 CPS 的综合校情分析系统的研究[J]. 信息与电脑(理论版)，2016(03)：64 - 66.

② 基尼齐. 认识管理：管什么和怎么管的艺术(第 4 版)[M]. 北京：世界图书北京出版公司，2013.

③ 金利娟，王彦长. 创业学教程[M]. 合肥：中国科学技术大学出版社，2015.

二、SWOT 战略分析图案例剖析

(一)SWOT 战略分析图(案例 1)

1. 案例描述

图 2-1　重庆市南岸区弹子石幼儿园课程规划 SWOT 战略分析图

重庆市南岸区弹子石幼儿园创建于 1952 年，是南岸区教委直属公办园。1992 年被评为"四川省示范园"，1998 年被评为重庆市首批"一级园""示范园"。现全园开设有日托班 8 个，幼儿近 300 名，教职工 50 余人。一直以来，幼儿园坚持以"守护快乐童年，奠基幸福人生"为办园理念；以办"有家园共育特色的优质幼儿园"为办园目标，有效整合、利用家庭教育资源，在与家庭"共情感、共价值、共行动、共担当"的互动过程中构筑家园教育共同体、形成教育合力来促进幼儿发展，共同实现培养"全面发展的现代小主人"育人目标，从而也形成了"家园共育"的办园特色。

重庆市南岸区弹子石幼儿园课程规划 SWOT 战略分析图(图 2-1)是基于幼儿园实际，针对园情所做优势、劣势、机会与挑战四方面的分析，试图通过这样全面的分析去编制更加适合该园实际的课程规划，找到办特色园、优质园的发展路径。通过 SWOT 分析，学校挖掘、整合、利用各方教育资源，初步构建了"家园共育课程"，并以"基于核心素养的幼儿园游戏化教学实践研究"和"弹子石幼儿园特色课程的深度开发"两个项目作为研究的抓手和切入点，完善幼儿园课程规划，积极推进幼儿园课程建设与实施。

2. 案例评析

重庆市南岸区弹子石幼儿园通过 SWOT 分析，列出了优势、劣势、机会和威胁四个象限的相关因素，并通过综合相关因素之间的联系进行分析，发现四个象限均交叉聚焦于家园共育，因此坚定了走强化学校理念、建设家园共育课程道路。同时，该 SWOT 战略分析图从构图到颜色均体现了可视化的基本原则，有利于建立图像化愿景。学校下一步需要对部分因子条款的表述更具体化、价值序列化，突显战略选择及其可视化。

(二)SWOT 战略分析图(案例 2)

1. 案例描述

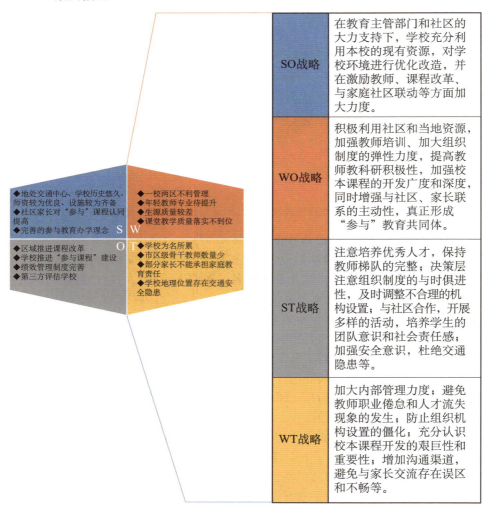

图 2-2   重庆市南岸区龙门浩小学课程规划 SWOT 战略分析图

重庆市南岸区龙门浩小学，创办于 1912 年，民国时期曾被列为重庆市十大小学校之一，1982 年被列为四川省首批办好的小学，2005 年成为南岸区首批示范小学。学校现为一校两区(一天门校区和涂山校区)，占地 44 亩，教学班共 52 个，学生 2,315 名，教职员工 106 名。在区域"书香南岸，幸福学子"的目标指引下，学校锐意进取，形成了百年老校新时代的"书香启迪智慧，参与创造未来"的办学理念，以"办老百姓身边的现代优质学校"为办学目标，努力形成"参与教育"的文化品牌，以"教学改革""社区教育""班级特色文化活动""家长义工"等形式，不断丰富教育内涵、提升办学品质。

从南岸区教育综合改革一期项目建设开始，学校多次组织全校教职工召开校情、学情分析会，让全校教职工都参与到学校的现状与发展分析中，通过个人调查、分组讨论、集体汇总，从学校的优势、劣势、机会和威胁四方面进行了 SWOT 分析。同时，还对学生、家长及教师对学校课程建设现状进行调查(图 2 - 2)。综合以上发现：在课程观念上，社区、家长和教师们对"参与课程"的认同度很高，但大部分的家长、教师仍在很大程度上只认同知识的重要性；在学校课程设置中，处于数量上的"加法"而忽略了对课程内容品质的提升；在课程培训方面，有 50% 左右的教师认为自己缺乏相应的课程开发专业知识和能力；在一校两区的办学特色下，如何基于统一的办学理念，凸显不同的办学侧重点。

2. 案例评析

重庆市南岸区龙门浩小学基于学校教育理念，多次召开校情和学情分析会，同时展开学校课程建设现状专题调查，充分收集 SWOT 分析基础材料，综合提炼绘制 SWOT 战略分析图，并重点突出表现四大战略要点，提出了课程规划的基本方向。就信息可视化的角度来说，如果对学校最终选定的战略进行视觉标注(如标星等)，愿景引领效果会更佳。

(三)SWOT 战略分析图(案例 3)

1. 案例描述

重庆市南岸区江南小学校是一所直属南岸区教育委员会的公办学校，学校占地 53 亩，有 62 个教学班，学生 2,877 名，教职工 168 人，其中市区骨干教师、中小学高级教师达 30% 以上。学校秉承"跬步千里，点亮生命"的办学理念和"走好每一步"的校训，坚持特色发展、内涵发展、品质发展，凝结成了个性化教育主题——跬步教育。以学校教育哲学为核心整体构建以生为本的跬步课程体系，形成了独具江南特色的"13535"跬步课程结构和发展性课程评价体系，传承并发展了一"静"(国际象棋)一"动"(校园足球)等精品课程。

学校应用 SWOT 分析方法对学校课程规划背景进行了全面分析，并描述了四大战略的具体策略(图 2 - 3)。SO 战略，发挥教师好学爱研的传统，借力

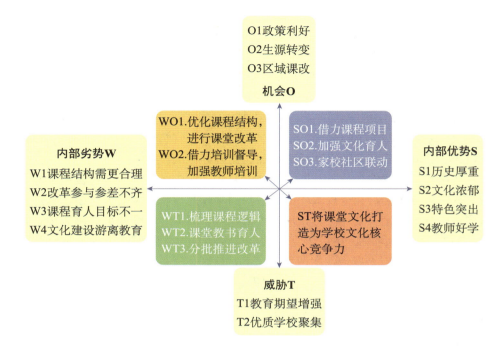

图 2-3　重庆市南岸区江南小学课程规划 SWOT 战略分析图

南岸区课程领导力建设项目，促进学校的改革和发展。利用文化优势，步步即景，步步育人，加强文化育人。引导家长及社区参与到学生的教育中，家校共育，促进学生全面健康发展，形成新活力。WO 战略，在实践中通过教师自查、学生评价、家长反馈，不断优化课程结构，继续深化课程改革，坚持不懈地进行"跬步课堂"改革。借力区域课程领导力项目，加强教师培训，提升教师课程意识，激发教师潜力，使课堂研究常态化。ST 战略，深化学校文化建设，形成"跬步课堂文化"，将课堂文化打造为学校文化核心竞争力，改善每一位学生在校学习及生活状态，满足家长对教育的期望，回应时代对教育的需求，直面周边优质学校的挑战。WT 战略，优化学校校本课程体系，进一步丰富课程内涵，梳理课程要素之间的逻辑关系。立足课堂，在课堂中落实育人目标，分步分批推进"跬步课堂"改革，骨干和实验教师引领，其他教师逐步加入，保证全体教师参与。

2. 案例评析

重庆市南岸区江南小学 SWOT 战略分析图有两个鲜明特征：一是对四类背景因素进行编号，编号有助于对因素进行性质分类（用不同字母表示）、价值排序（用数字表示）和信息检索；二是将四类战略放在象限中用箭头表达，有助于视觉化行动路线。

(四)SWOT 战略分析图(案例 4)

1. 案例描述

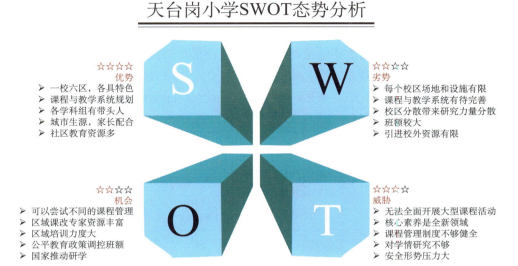

天台岗小学SWOT态势分析

☆☆☆☆
优势
➤ 一校六区，各具特色
➤ 课程与教学系统规划
➤ 各学科组有带头人
➤ 城市生源，家长配合
➤ 社区教育资源多

☆☆☆☆
劣势
➤ 每个校区场地和设施有限
➤ 课程与教学系统有待完善
➤ 校区分散带来研究力量分散
➤ 班额较大
➤ 引进校外资源有限

☆☆☆☆
机会
➤ 可以尝试不同的课程管理
➤ 区域课改专家资源丰富
➤ 区域培训力度大
➤ 公平教育政策调控班额
➤ 国家推动研学

☆☆☆☆
威胁
➤ 无法全面开展大型课程活动
➤ 核心素养是全新领域
➤ 课程管理制度不够健全
➤ 对学情研究不够
➤ 安全形势压力大

图 2－4　重庆市南岸区天台岗小学课程规划 SWOT 战略分析图

　　重庆市南岸区天台岗小学，创办于 1990 年，经过 26 年的努力，从一所村办小学发展为"一校六区"的集团化学校。"十一五"期间，天台岗小学提出了"为孩子的幸福人生奠基"的办学理念，实施了重庆市教育科学规划课题《以美育实践推进幸福教育特色构建的行动研究》，把幸福教育特色作为灵魂，把美育实践作为载体，形成了管乐、篮球、田径、彩墨画、科技教育等美育优势项目。相关成果获重庆市人民政府教学成果三等奖。"十二五"期间，学校提出了"每天都上一个新台阶"的校训，实施了全国教育科学规划单位资助教育部规划课题《西部城市小学幸福教育培养模式的实践研究》，结合教育部基础教育课程教材发展研究中心南岸实验区"学校课程领导力"项目，对学校办学理念、育人目标、办学目标、课程规划、课堂建构、校区评价、教师评价、学生评价等方面进行了全面探索，初步形成了学校幸福教育培养模式的系统构建。相关成果获重庆市人民政府教学成果二等奖。

　　各校区基于学校"为孩子的幸福人生奠基"的办学理念和"每天都上一个新台阶"的校训，分别提出了分校特色理念，成功创建了特色学校：天台岗小学南湖校区以"在发现中成长"为校区理念，被评为重庆市科技教育特色示范学校、重庆市科普教育基地；上海城校区以"带着孩子健康出发"为校区理念，被评为重庆市义务教育阶段体育特色示范学校；花园校区以"让每个孩子都出彩"

为校区理念，被评为重庆市少儿美术特色基地学校；天台岗融创小学以"融汇传统，创新未来"为校区理念，被评为全国传统文化教育示范学校；天台岗雅居乐小学以"一心成就未来"为校区理念，被评为教育部首批中小学心理健康教育特色学校；新成立的天台岗万国城小学以"一日一知，慧联万物"为校区理念，致力于智慧校园建设，被评为重庆市第一批智慧校园建设示范学校。

为深入做好新一轮集团学校课程规划，学校从六个方面认真进行了 SWOT 分析，详见分析 SWOT 战略分析矩阵表（表 2-1）与战略分析图（图 2-4）。

表 2-1 南岸区天台岗小学 SWOT 战略分析矩阵表

	优势（S）	劣势（W）	机会（O）	威胁（T）
办学模式	一校六区，教学设施基本均衡，建立了集团横向管理机制和校区纵向落实机制，校区办学各有特色。	南湖、花园及上海城校区校舍狭窄，多样化活动课程的开展缺少足够空间。	社会教育资源的引入，生活课程资源开发，将打破校园的樊篱，实现校内外的结合。	如何在现有校区空间基础上，进一步统筹使用校舍场地，努力开展课程建设。
课程现状	基本构建了办学理念、校训、学生观、课程观、教学观等理念系统，学校课程结构初步建立。	在学生发展核心素养背景下，学校课程内容需要进一步梳理，课程质量有待提高。	南岸区"二期课改"推动我校课程建设，能得到专家资源的支持和指导。	在核心素养背景下，教师课程执行力，面临严峻考验。
教师资源	师资结构较为合理，学科教师比例适当。信息、语文、数学、美术、音乐、美术、英语等各个学科均有领军人物。	学校集团化发展，将吸纳更多的初职期教师，校区分散带来教学骨干力量的分散，青年教师"传帮带"难度大。	骨干教师引进的政策和新教师招考制度，有利于吸纳优质的、有特长的师资。	学校教师培养制度、教学教研考核制度须进一步完善，校本培训须更加有效、实用，提高教师专业能力。
学生状况	学生生源充足，大多出生城市，兴趣爱好广泛；父母大多在学生身边，得到较多关注。	班额较大，学生"学习适应"问题较多，教育教学需要更加专业，难度大。	义务教育均衡发展政策，将控制班额，利于每个学生得到教师充分的关注。	在信息时代学生心理发展复杂，需要教师学习运用心理学知识。
家长配合	家长大多关注学生的健康成长，对学生的培养，愿意付出时间和精力。大多愿意参与学校教育教学活动。	仍然面临应试教育的桎梏，家长仍然过度关注学生考试成绩，忽视学生核心素养的培养。	全国上下一致关注学生核心素养的培养，重视家庭教育，有望转变家长观念。	引导家长参与学校教育，挖掘家长课程资源，需要班级教师了解、协调和沟通。

续表

	优势（S）	劣势（W）	机会（O）	威胁（T）
社区资源	周边社会教育机构较多，周边企事业单位较多，校区与社区关系融洽，能有效合作。	社区教育资源，难以接纳全校学生，同时存在管理困难和安全隐患。	教育实践基地的出现，为社区资源的引入提供了可能。	梳理社区资源，并与之建立长效机制，形成稳定的课程资源。

2. 案例评析

重庆市南岸区天台岗小学课程规划SWOT分析，资料收集系统、全面且逻辑清晰，从影响学校发展与课程建设的六个方面广泛收集信息，并进行提炼分析呈现在SWOT战略分析图中。在该图中，学校用星级这一可视化方式标示各因素的重要程度或影响程度，可视化地提示了学校努力与前进的方向。

（五）SWOT战略分析图（案例5）

1. 案例描述

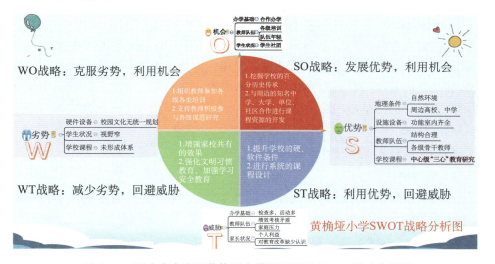

图2-5　重庆市南岸区黄桷垭小学课程规划SWOT战略分析图

重庆市南岸区黄桷垭小学创立于1910年，最初名为崇文乡模范村小学。1927年8月，中共四川省临时委员会在重庆建立后，在此建立中国共产党在南岸地区建立的第一个党组织。1931年学校搬迁至现址，学校更名为崇文模范小学。解放战争时期，学校系中共西南特支所在地。1966年学校更名为黄继光小学，1972年更名为48小，1981年更改为重庆市南岸区黄桷垭小学。学校现有在职教师59人，学生1,075人，教学班24个。学校以"用爱心和责任托起明天的太阳"为教育理念，以"培养崇德尚美的小公民，润育崇文敏学的未来素养，刻印崇实求真的人生基因"为培养目标。

从南岸区教育综合改革一期项目建设开始，学校多次组织全校教职工召开校情、学情分析会，让全校教职工都参与到学校的现状与发展分析中，通过个人调查、分组讨论、集体汇总，从学校的优势、劣势、机会和威胁四方面进行了 SWOT 分析(图 2-5)。学校当前面临一些挑战、问题及思考。一是挑战。随着时代的发展，学校当前面临的主要挑战是学校的育人工作，尤其是课程供给，不能满足日益增长的学生、家长、社会的需求，这种需求，从未来人才需求的角度来看，着重体现为学生的核心素养。二是问题。学校课程，如何能以尊重学生真实需求为前提，建设指向学生素养培养的课程体系，使得学生素养的培养能够落地。三是思考。建立一套课程目标明确、实施方案有效、评价机制合理的课程体系，是学校在课程领导力建设中坚定不移的探索方向。通过对学科课程的延伸、重组、统整和创生，开发以培养学生核心素养为导向，融合儿童天性需求、能力培养、智慧生成的课程学习系统，在国家教育综合改革背景下，迈出了探索学生核心素养培养路径的重要一步。

2. 案例评析

重庆市南岸区黄桷垭小学 SWOT 战略分析图，采用坐标图加思维导图的方式呈现，信息量极其丰富。既呈现了优势、劣势、机会与威胁，也呈现了四大发展战略的基本内容，并突显战略具体内容。左上角、右上角的图示有美化图示的效果，但与核心内容关联度较低，信息可视化图表中的内容应当与核心内容高度相关。

(六)SWOT 战略分析图(案例 6)

1. 案例描述

重庆市南岸区珊瑚浦辉实验小学创办于 2003 年，是重庆市示范学校珊瑚实验小学分校。学校占地面积 8,811 平方米，有教学班 19 个，学生 831 人，教职工 30 人，教师平均年龄 38 岁。珊瑚浦辉实验小学秉承珊瑚小学"珊瑚最红，孩子最亲"的办学思想，结合学校实际，确立了"亲历成长，启程幸福"的办学理念。

学校利用 SWOT 分析法对校情、学情进行了全面分析，并从中梳理出了学校目前内部拥有的优势，存在的劣势以及外部难逢的机会和面临的威胁(图 2-6)。办学十五年来，学校影响力逐渐增强，在家长中间形成了良好的口碑，有很高的社会认可度和家长支持度，有良好的发展机会，但也有自己的短板和存在的威胁。学校也提出了相应的应对策略：更加用心地打造品牌课程；加强师资队伍的分层次培训，培养名师、骨干教师；梳理课程活动，使之更加科学；进一步规范校园管理，做好家校沟通工作，宣传先进教育理念，使之得到

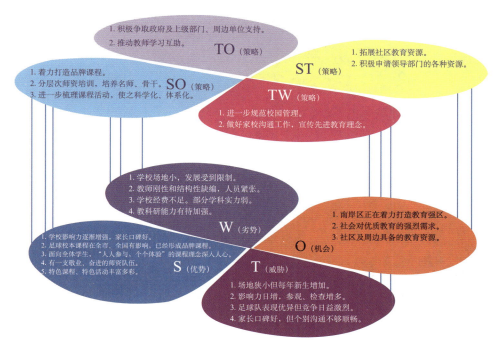

图 2-6 重庆市南岸区珊瑚浦辉小学课程规划 SWOT 战略分析图

家长的支持。同时，积极拓展社区教育资源，争取政府及上级部门、周边单位支持，使学校的教育环境得到进一步的改善，从而促进学校教育的发展。

2. 案例评析

重庆市南岸区珊瑚浦辉小学课程规划 SWOT 战略分析图呈现了一个显著特点，就是将 SWOT 四象限背景因素分析与四战略分析分层次放在同一个视觉图中呈现，并用颜色从深到浅进行视觉化。为更精确地表达 SWOT 战略分析图的要义，上下两个图应当不平行，战略图应刚好处于象限图的交叉处。

（七）SWOT 战略分析图（案例7）

1. 案例描述

重庆市南岸区和平小学位于中央商务区弹子石 CBD 核心区域内，面临着大发展的机遇与挑战；由两所镇办小学（纳溪沟小学和四楞碑小学）于 1996 年合并而成。2005 年 1 月 1 日划归南岸区教委管辖，成为鸡冠石地区中心小学。校园占地面积 6,800 平方米，建筑面积 2,416 平方米，常年开设 12 个教学班，办学规模 450 名～500 名学生。学校遵循"知学达理，身健雅行"的育人目标和"开启智慧，润泽生命"的办学理念，秉承"师生和谐，共生成长"的办学宗旨，努力践行"书香溢满校园，诗意品人生"的办学特色。

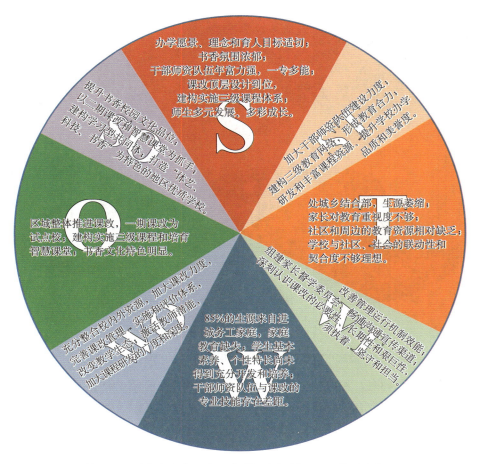

图 2-7 重庆市南岸区和平小学课程规划 SWOT 战略分析图

学情分析：学校有 85%左右的生源来自进城务工家庭，由于家长整天忙于生计，绝大多数家长对教育问题关注度不够，孩子的基本素养和学力相对薄弱，兴趣和个性特长尚未得到应有的发掘和培养，绝大部分学生未能接受中华优秀传统文化的熏陶感染和教育引领，缺失中华优秀传统文化素养，导致学生的思想意识、行为习惯、学习方法和个性心理等存在诸多问题，学习生活质量不尽如人意，亟待大力改善和提升。学校的孩子们都渴望与城里的孩子们一样享受舒适优雅的学习生活环境和公平优质的教育，需要多姿多彩的校园生活、和谐互爱的师生关系，需要掌握科学的学习方法、丰富多彩的课程内容和社会实践活动，更需要快乐学习和幸福成长。

2. 案例评析

重庆市南岸区和平小学课程规划对学情分析较为深入具体，其战略分析图以圆盘形式表达(图 2 - 7)，统整视觉呈现了背景因素分析与战略分析。不过从视觉角度来看，文字与背景的对比度有待提升，可读性略差。同时，对学生情况的优势分析还可以进一步强化。

(八)SWOT 战略分析图(案例 8)

1. 案例描述

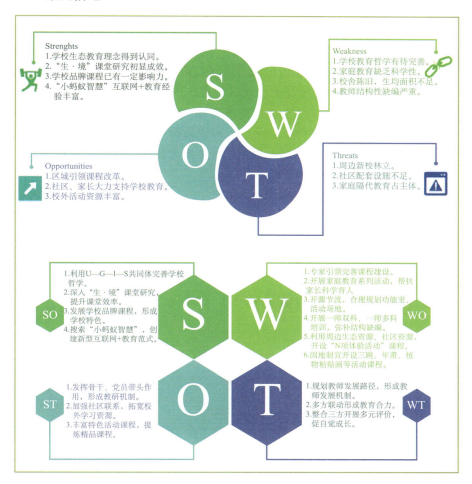

图 2 - 8　重庆市南岸区迎龙小学课程规划 SWOT 战略分析图

迎龙小学是重庆市南岸区六所乡村学校之一，现有 19 个班、828 名学生、44 名教职员工。迎龙小学注重将南岸区幸福教育的理念落实到学校教育中，践行"生态教育"理念，强调学校教育者要依据"生命"的特性，尊重"生命"发展的规律和内在逻辑，保护每一个个体生命发展的可能性，促进学生多元、个性的发展，让每个学生都能健康、快乐地成长，最终成为"生命自觉"之人。

重庆市南岸区迎龙小学课程规划SWOT战略分析图（图2-8）解读。SO战略：①利用U—G—I—S多元结构研究共同体完善学校生态教育哲学；②深入研究"生·境"课堂，提升课堂质量；③丰富完善"N项体验活动"、年箫、三跳、啦啦操、植物粘贴画等特色课程；④探索并推广"小蚂蚁智慧"教学平台，提升学生学习质量。WO战略：①专家引领完善学校课程建设；②开展家庭教育系列活动，帮助家长科学育人；③开源节流，合理规划功能室、活动场地；④开展一师双科、一师多科培训，弥补结构缺编；⑤利用周边生态资源、社区资源，开设"N项体验活动"课程；⑥因地制宜开设三跳、年箫、植物粘贴画等活动课程。ST战略：①发挥骨干、党员带头作用，形成教研机制；②积极与社区联系，合理利用乡土资源和新兴商贸资源；③丰富特色活动课，提炼精品课程。WT战略：①规划教师发展路径，形成教师发展机制；②家、校、社多方联动形成教育合力；③整合多方资源，开展多元评价，促自觉成长。

2. 案例评析

重庆市南岸区迎龙小学课程规划SWOT战略分析图将SWOT背景因素分析与战略分析可视化地呈现在一起，并对各象限进行视觉化符号标注，体现了可视化转换的基本精神。同时，学校的战略分析具体策略也很好地体现了针对性、可行性与价值性。在战略分析图部分，中心字母标注可直接标注战略，即标注SO、WO、ST和WT，旁边则承接上部分图示标注符号。

（九）SWOT战略分析图（案例9）

1. 案例描述

图2-9　重庆市南岸区长生小学课程规划SWOT战略分析图

重庆市南岸区长生小学始建于1927年，学校努力践行"和而不同，美雅共生"的教育理念，坚持"思远行雅，博学艺深"的培养目标，以"学生喜欢、家长满意、社会认可"为办学愿景，将"十三五"发展目标定位为"传百年底蕴，扬个性风采，建和雅校园"，努力实现与时俱进的可持续发展和特色发展。学校现有在职在编的教职工 63 人，教学班 28 个，学生 1,385 人。学校在少儿美术、体育运动、科技活动等方面特色明显。

重庆市南岸区长生小学课程规划 SWOT 战略分析图（图 2-9）分为左右两个部分，均以纸飞机为形，寓意孩子们能在未来的世界里自由翱翔。SO 战略：利用百年老校的优势，借助茶园新城区建设的东风，在近几年内把学校做大做强。抓住和雅课程建设的契机，借力专家的引导，形成科学的课程体系，促进学生的全面发展和个性发展，达成学校"十三五"发展目标。抓住各级各类比赛的机遇，为广大师生搭建平台，力争在美术、巴乌、体育、科技上做出特色、做出亮点，使百年老校焕发新的活力。

2. 案例评析

重庆市南岸区长生小学课程规划 SWOT 战略分析图的最大特点，就是用鲜明的纸飞机形象统一构图，用向内飞行与向外飞行标示 SWOT 背景因素分析与战略分析。在视觉优化方面来看，凡是没有传达有意义信息的元素均可以删除，如图 2-9 左图的数字序号，不具有序列意义且影响视觉简洁性。

（十）SWOT 战略分析图（案例 10）

1. 案例描述

图 2-10　重庆市南岸区怡丰实验学校课程规划 SWOT 战略分析图

重庆市南岸区怡丰实验学校创建于 20 世纪 90 年代，占地 14,534 平方米，现有在职在编教师 62 人，教学班 35 个、学生 1,700 余人。多年来，学校积极打造书香校园，致力于探究读书活动与学科课程、特色课堂的研究，"书香校园"在区内外产生了一定的知名度与美誉度，形成一系列校本课程框架，开发出一系列校本教材。

学情分析：学校学生家长多为"70 后""80 后"，素质、文化修养提升，关注教育，重视学生发展，认同学校办学理念；对口入学，生源素质有所改观；怡丰学生阳光积极，乐学爱校。受中华优秀传统文化对学生的熏陶，学生淳朴、活泼可爱，在活动中"怡心、怡德、怡智"，懂得奉献、懂得感恩、懂得诚信、懂得助人，在孩子们的身上，校园文化"仁、义、礼、智、信"得到充分彰显，学生健康成长。

2. 案例评析

重庆市南岸区怡丰实验学校课程规划 SWOT 战略分析图（图 2-10）的最大特点，就是在 SWOT 战略分析图的基础上融入思维导图，成为图中图，具有信息容量大的特点与优势。同时，以不同的表情标示不同象限，引起观者情感投入，该图如进一步用不同颜色标示不同象限，其可视化效果将会更佳。同时，下一步需具体分析战略方向。

(十一)SWOT 战略分析图(案例 11)

1. 案例描述

内部能力 外部因素	优势 (strengths) 1.有明确的教育哲学思维，重视课改 2.学生人数达1100名，25个教学班 3.办学水平在弹子石有一定影响力 4.硬件设施条件较好 5."科技、体艺、实践"特色项目效果明显 6.教师爱岗敬业、团结协作意识强	劣势 (weaknesses) 1.名师、市级骨干教师所占比例太小 2.教师科研、教研能力不强 3.课堂教学改革不够深入，课堂中学生主体性体现不充分，对学生学习方法、思维培养不够 4.新入学学生综合素质总体不高，特别是学习、生活习惯有待培养 5.家校、社区共育和宣传不够深入 6.学校对教师的考核评价体系还有待完善
机会 (opportunities) 1.国家、市区大力推进新课改，提倡培养学生核心素养 2.区"书香南岸，幸福教育"愿景 3.地处CBD南区核心位置 4.周边生源较多，家长对孩子期望值较高	SO (发挥优势 利用机会) 1.加强学校教育哲学思想的宣传和学习，明确学校育人目标 2.构建完善的课程体系 3.大力推进课改，培养学生核心素养 4.大力彰显学校办学特色	WO (利用机会 改变劣势) 1.加强内部科研、教研建设，提高教师教科研积极性，尽快促进研修共同体的形成 2.以"学习目标的有效达成"为切入点，有体系地推进"教学评一致性"课堂教学改革，不断改进教学方式，提倡启发式课堂教学，培养学生的思维能力和创新意识 3.加强骨干教师培养，完善考核奖励制度 4.加强班风、学风建设，形成良好班集体 5.完善对教师的考核评价体系
威胁 (threats) 1.家长、社会对学校办学水平认可度还不很高 2.家长反映学生课业负担较重 3.地区学校布局很不合理 4.学校周边出现交通安全问题可能性较大	ST (发挥优势 规避威胁) 1.进一步提高学校的办学水平，提高社会认可度 2.加强安全教育	WT (克服劣势，规避风险) 1.加强家校、社区共育和宣传 2.加强课堂常规检查，提高课堂效率，切实减负提质量 3.加强师德建设，杜绝负面影响

图 2-11 重庆市第三十八中学课程规划 SWOT 战略分析图

重庆市第三十八中学创建于 1938 年，2014 年学校整体搬迁至中央商务区 CBD 南区。现校园占地 40 余亩，现有教学班 25 个，学生 1,096 人，教职工 110 人，中高级教师比例达 54％，市区骨干教师比例达 12％。学校秉承"厚德乐学，和谐发展"的办学理念，恪守"乐知善行，孜孜求是"的校训，坚持"质量立校，科研兴校，特色强校"的办学思路，坚守培养"立德善思，乐学躬行"的育人目标。

为全面分析学校课程规划背景与做好 SWOT 分析，学校对全校师生及家长、社区代表进行了有关校情和学情的问卷调查分析，在此基础上教科室利用 SWOT 分析方法就内部优势、劣势和外部机会、威胁四个方面进行了全面总结分析，然后提交教代会讨论形成了该 SWOT 战略分析图（图 2-11）。通过对校情、学情的 SWOT 分析，学校找到了有利于发展的 SO、WO、ST、WT 战略，并制定了相应的实施措施。其中，WO 战略更加明确了学校当下应重点解决的两大问题：优秀师资队伍的建设以及课堂教学的有效性；WT 战略提出了加强家校、社区共育，扩大学校办学影响力等策略。

2. 案例评析

该校以校情与学情两类问卷对教师、学生、家长及社区代表四类人员进行调研收集基础信息，其中师生家长为全体成员，具有良好的代表性与全面性；学校 SWOT 战略分析图的形成过程以教科室为牵头部门，提交教代会审议通过，体现了民主参与性，同时也有助于建立共同愿景；SWOT 四个象限具体因素描述简洁、比较丰富，尤其是劣势分析深刻；学校 SWOT 战略倾向于 WO 战略和 WT 战略，共同之处在于 W——改善劣势；该 SWOT 战略分析图以不同颜色标示内部能力、外部因素和战略，体现了可视化原则。另外，对于四个象限的因素还可以进一步挖掘、具体化与排序。

（十二）SWOT 战略分析图（案例 12）

1. 案例描述

重庆市南岸区茶园新城初级中学位于重庆市副中心——茶园新城区，紧邻南岸区新行政中心，2013 年顺利实现新校搬迁，是一所历史悠久、文化特色鲜明、办学效益突出的示范初中。在区域课程领导力建设的推动下，学校校本课程建设方兴未艾，形成起基于文化、服务学生、促进发展的"三益·三味"课程模型，以"三益"构建课程本体，以"三味"体现课堂形态，突出"书香怡人"的办学追求，促使学生幸福成长、多元发展，成为学校内生发展的新的增长点。学校现有教职员工 136 人，专任教师 126 人，在校学生 1,658 人，教学班 34 个。

如图 2-12 所示，重庆市南岸区菜园新城初级中学通过 SWOT 分析，根据有利原则和轻重缓急，选择 WO 战略，克服劣势，利用机会，形成课程建设的规划。具体战略如下：一是完善学校工作机制。避免部门存在双重领导，明确部门职责边界和工作流程，实行扁平化管理。建议成立教师发展中心、学生发展中心、督评中心、后勤服务中心，实施中心与年级组两重管理，完善学校工作机制，编制《茶园新城中学学校管理手册》。二是促使学校课程建设体系化。由于进修学院入驻，带来教育教学资源的利用便利，有利于形成学校课程体系化建设的长效机制。还可聘请西南大学等高校的专家，针对学校实际，指导建立较为科学、切实可行的课程建设体系，编撰完善《茶园新城初级中学校课程建设制度手册》。三是加强专业教师队伍建设。在区教研员指导下开展有效的校级教研活动，务必保证区级层面教研活动的参与率。送出去，参观考察课改名校，走进华东师大等高校接受专业理论提升，力争参培率达 100%。鼓励教师参与各级层面的名师工作室，提供科研平台，抓实论文收集、评比和推荐发表工作。四是满足学生发展需求。引进校外课程资源，如聘请民乐团指导教师等，同时建立与高校课程专家长期、制度化的互动机制，尽量开设更多的校本课程，满足学生发展的需求。五是扩大课程区域影响力。做好学校的外宣工作，定期开展阅读节、体育节、科技节、艺术节等，邀请社区代表及家长参加，扩大课程在区域的影响力，吸引优质生源。

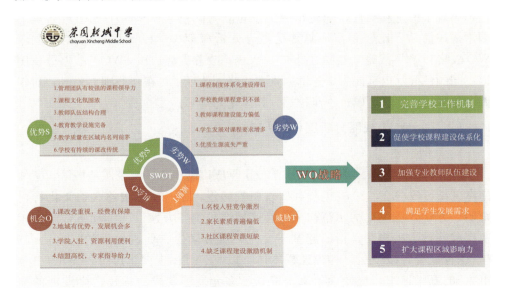

图 2-12 重庆市南岸区茶园新城初级中学课程规划 SWOT 战略分析图

2. 案例评析

　　重庆市南岸区茶园新城初级中学课程规划 SWOT 战略分析图的配色、构图与文字做到了简洁、清晰，符合可视化基本要求，同时战略方向明确，行动措施具体，具有较好的实践引领力。该校背景因素分析也具有借鉴意义，尤其是机会与威胁的分析，具体且有价值。

第三章 学校课程规划目标指向：培养目标图

一、培养目标图概述：学校课程规划的美好期待

(一)基于核心素养的学校培养目标

学校课程目标是学校培养目标的具体化，是学校课程规划的美好期待与最终指向。教育是影响人的事业，期待效应在教育中发挥着重要的作用，因为影响人的事更需要美好期待。这种期待效应，就是用直接或者间接的话语、视觉符号、行为告诉他人成为你想象中那个人的影响力。因为当你试图影响对方做某件事情的时候，只有让对方深刻地明白你的意思，并懂得了你的期望，他才能更好地向着你期待的方向发展，也才能让你更好地影响对方。① 而学校培养目标就是学校教育期待的具体化，学校培养目标越清晰明确，学校课程规划方向就越明确、越有力。

培养目标是指在一个专业教育计划指导下，一个人通过相关课程学习后，应该具备的基本素养和综合状态。当前，以个人发展和终身学习为内核的核心素养模型逐渐代替以学科知识结构为核心的传统课程体系，核心素养成为研究热点并不断深化，具有重大意义，将成为今后很长一段时间学校教育绕不开的重要概念，也成为课程规划的价值取向之一。但是，核心素养作为关注人的全面发展的培养目标，强调基础性、普适性、同一性和跨学科性，是一种较为抽象的上位概念。② 即使是稍微下位的学科核心素养，离学校实践也还有一个转化过程。从素质教育、三维目标到核心素养的教育改革历程，都呈现了人们对"培养什么人"教育目的逻辑起点的回归和反思。③ 另外，社会主义核心价值观

---

① 徐兵智，谢寒梅．受益一生的北大心理课[M]．北京：中华工商联合出版社，2014．

② 吕立杰，韩继伟，张晓娟．学科核心素养培养：课程实施的价值诉求[J]．课程·教材·教法，2017，37(09)：18-23．

③ 毛红芳．从素质教育到核心素养：全面发展教育的中国实践与理论发展[J]．国家教育行政学院学报，2018(03)：44-49．

关于社会主义公民所应具有的基本要求，二十四项积极人格品质关于人的优良品质的研究也对培养什么人提供了要求、方向或参考。理解、梳理并澄清不同时期、不同角度提出的培养目标，基于政策落实、理论理解和校情学情，内化并形成学校基于核心素养培养目标体系，是核心素养时代学校课程规划的必然要求。

（二）培养目标图绘制

学校培养目标的制定，可以参考"目标管理"的相关理念及方法，但因为目标管理主要在企业领域使用，教育领域不能机械照搬。"目标管理"的概念是彼得·德鲁克 1954 年在其名著《管理实践》中最先提出的。彼得·德鲁克认为，并不是有了工作才有目标，而是相反，有了目标才能确定每个人的工作。所以"企业的使命和任务，必须转化为目标"。如果一个领域没有目标，这个领域的工作必然被忽视。① 在目标管理上，通过遵循 SMART 原则来制定目标，S（Spicific）指具体的，就是指目标要具体有内容；M（Measurable）指可衡量的，就是指目标要可以评定；A（Achievable）指可实现的，就是指目标是通过努力可以达成的；R（Relevant）指相关的，就是指目标要与工作内容相关，此处指与学校教育或课程发展相关；T（Time-based）指有期限的，就是指目标有明确时间要求，对于课程规划来说就是学段时间内要达成。

培养目标，既是美好期待，也是关于学生发展的具体愿景，将其转化为可视化表达有助于凝聚共同愿景，有助于教育期待效应能够最大限度发挥作用。在操作层面上来看，培养目标可以分层可视化表达，如从要培养什么样的学生到学生发展素养维度，再到学生发展素养要点三层，用分层逻辑图表达。同时，可以辅助使用多种形状、颜色与构图来传达更多的信息。

二、培养目标图案例剖析

（一）培养目标图（案例 1）

1. 案例描述

重庆市南岸区珊瑚幼儿园于 1990 年创园，占地面积 3,127 平方米，建筑面积 1,844 平方米。初期仅 5 名幼儿，8 名教职工，多年来一直致力于为孩子成长打好基础的基础，从重庆市一所郊区幼儿园逐渐发展到南岸区最具影响力的中心幼儿园之一，成为重庆市一级示范幼儿园。现设 7 个班，254 名儿童，27 名在编教职工，6 名市区级骨干教师。幼儿园所秉承"健动体脑，悦乐晨光"

---

① 彦涛著．聪明人是怎样带团队的［M］．上海：立信会计出版社，2016．

的办学理念，以孩子身心健康为基本出发点，营建富有童趣的海洋世界和具有珊瑚特色的运动环境，致力于培养健康乐观、自主自信、敏学善思、悦爱树美，具有幸福能力的健康儿童。

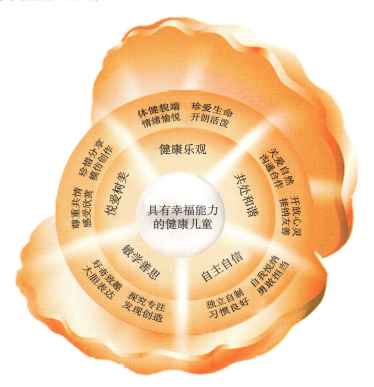

图 3-1　重庆市南岸区珊瑚幼儿园课程规划培养目标图

重庆市南岸区珊瑚幼儿园课程规划培养目标图（图 3-1）释义如下：

一颗珍珠，即培养具有幸福能力的健康儿童。幸福是一种能力，健康是一切的基础。从小培养身心健康的孩子，身体康健、内心富足，全面发展，成为一个博爱、知美、好学、乐观的孩子。

五个光区，健康乐观、自主自信、敏学善思、悦爱树美、共处和谐。五个光区发展孩子的"身体、认知、情感、个性、社会性"。五个光区互相联系、互相促进。其中健康是个体发展的基础，好学是个体发展的前提，培养会生活、会思考、独立自主的自信儿童；其中美是人类进步的灵感、爱是人类和谐的源点，培养会欣赏、会接纳、会关爱、会分享的亲社会儿童。

二十个基本要素，幼儿园立足实际，确立了五个光区的二十个基本要素。具体表现为：健康乐观——体健貌端、珍爱生命、情绪愉悦、开朗活泼；敏学善思——好奇致趣、探究专注、大胆表达、发现创造；自主自信——独立自治、自我悦纳、习惯良好、勇敢担当；悦爱树美——尊重共情、珍惜分享、感受欣赏、模仿创造；共处和谐——关爱自然、开放心灵、沟通合作、接纳友善。

2. 案例评析

重庆市南岸区珊瑚幼儿园培养目标图，将《3—6 岁儿童学习与发展指南》所描述的健康、语言、社会、科学、艺术五个领域的学习与发展进行了校本化解读，结合中国学生发展核心素养进行了校本化、可视化呈现。在可视化方面，以学校主意象"珊瑚"为主图，从一个核心到五个光区，再到二十个基本要素，层层递进。既体现对人的珍视，也体现素养的磨砺。

(二) 培养目标图 (案例 2)

1. 案例描述

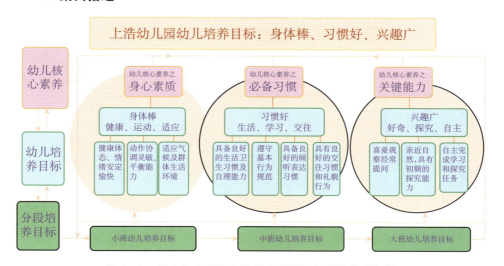

图 3 - 2　重庆市南岸区上浩幼儿园课程规划培养目标图

重庆市南岸区上浩幼儿园是隶属南岸区教委的公办幼儿园，有着 60 余年办园历史。全园占地面积 2,073 平方米，校舍面积 1,304 平方米，绿化面积 434 平方米，运动场面积近 400 平方米。幼儿园现为重庆市一级园所，海棠溪片区的中心示范园，目前有教学班 4 个，学生 150 人，教职工 33 人。在幼儿园课程改革项目实施中，幼儿园通过对办园历史的回顾和梳理，提炼出"爱"和"绿色"的办园精髓。秉承"爱"的信条，对幼者开展无怨无悔的教育，创设和利用"绿色"的生态环境，开发绿色的生态课程，让孩子在关爱与绿色的环境中，在真实自然的课程中获得健康快乐的发展。幼儿园提出了"关爱浸童心　绿色润童年"的办园理念和"浸润"教育思想并提炼出幼儿园办园文化。

重庆市南岸区上浩幼儿园学校培养目标是在深入学习"中国学生发展核心素养研究成果"的基础上,依据《幼儿园工作规程》《幼儿园教育指导纲要》《3—6岁儿童学习与发展指南》对幼儿园教育工作的要求,结合幼儿园办园理念,经过广泛征求教职工、家长、社区、专家的意见和建议的基础上经历几次修改而成。学校的培养目标"身体棒、习惯好、兴趣广"体现了适应未来社会的三大核心素养:身心素质、必备习惯和关键能力,同时也是幼儿阶段能达成的目标。该培养目标体系落实、分解和细化了《幼儿园工作规程》的育人目标要求,充分体现了浸润课程的育人价值。

2. 案例评析

重庆市南岸区上浩幼儿园课程规划培养目标图(图3-2),用箭头和线条的联系呈现出目标层次之间的关系:分段培养目标、幼儿培养目标、幼儿核心素养之间的分解和递进关系;小中大班幼儿培养目标之间的递进关系,分段培养目标和三大板块目标之间的包含关系;环形线条体现的是幼儿园各目标之间的循环关系,各目标之间不是孤立的,而是相互影响和融合的。颜色的选择以浅色调背景为主,素养目标、培养目标和分段目标各用一种颜色表示,清楚明了。线条模糊颜色的选择是为了不影响主体视觉感受。

(三)培养目标图(案例3)

1. 案例描述

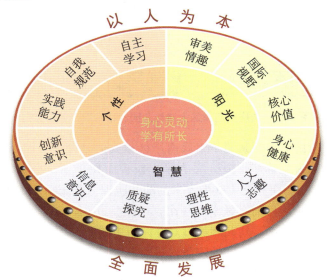

图3-3 重庆市南岸区教师进修学院附属小学课程规划培养目标图

　　重庆市南岸区教师进修学院附属小学位于重庆市南岸区江南新城，始建于1998年。现有41个教学班，1,749名学生，87名教师。在南岸区教委"书香南岸，幸福教育"的理念引领下，学校厘清发展思路，凝练出"书鼓和鸣，神韵飞扬"的办学理念，明晰了"城市副中心特色优质窗口学校"的发展愿景，以培养"身心灵动、学有所长"的附小鼓娃为己任，积极开展以"韵致教育"课程领导力建设为核心的课程教学改革，培育以"鼓文化"为特质的学校文化，着力品质教育培育与创新，实现了从农村学校向城市学校的华丽转身，赢得较高的办学社会美誉度，被评为"教育部首批全国中小学中华优秀文化艺术传承学校""全国创新教育实践基地学校""全国中小学足球示范校"等。

　　如图3-3所示，学校基于办学目标和学情分析，回应中国学生发展核心素养要求，提出了把学生培养成为"身心灵动、学有所长"的幸福儿童的学生培养目标。在这一总目标下，细化了具体目标，即"智慧、阳光、个性"，让学生具备能够适应终身发展和社会发展需要的必备品格和关键能力。在三个具体目标下再分解为十二个核心指标，对接中国学生发展核心素养"文化基础、自主发展、社会参与"三个方面，体现"以人为本，全面发展"的核心理念，从而全面落实学生培养目标，建立了韵致教育学生素养模型。具体如下：

　　智慧：人文志趣，理性思维，质疑探究，信息意识。

　　阳光：身心健康，核心价值，国际视野，审美情趣。

　　个性：自主学习，自我规范，实践能力，创新意识。

　　"身心灵动、学有所长"是对学校六年培养目标的集中表述，是对学生身心全面发展、个性自主发展的总体概括。"智慧、阳光、个性"则对学生各个方面的发展提出了具体的要求。"智慧"重在学习和运用人类优秀文明成果，崇尚真知，涵养精神，灵活应对各种复杂环境，实现人生价值。"阳光"重在身心和谐，具有积极的心理品质和正确的价值追求，志趣高雅，尚善尚美，追求积极向上的人生目标。"个性"重在自我管理和自主发展，突出主动性、主体性，尊重个体的唯一性，突显以人为本的理念，关切儿童的自由发展和当下幸福。三者虽各有侧重，实为有机统一，体现韵致教育哲学对人的发展的思考，对学校课程建设、课堂教学、学生评价等起着统领作用。

2. 案例评析

　　重庆市南岸区教师进修学院附属小学课程规划培养目标图，是在回应中国学生发展核心素养、社会主义核心价值观、积极心理品质等相求的基础上校本化综合理解的表达，体现了学校的主动性。在可视化方面，以学校核心"文化鼓"为主意象，用三个色块代表三个素养，用颜色深浅代表素养的具体化与分解，具有良好的视觉识别性。

（四）培养目标图（案例4）

1. 案例描述

图3-4　重庆市南岸区新市场小学课程规划培养目标图

重庆市南岸区新市场小学，创办于1938年，原为国民党无线电工程培训基地。中华人民共和国成立后，于1950年更名为新市场小学，后更名为劳动小学，"文化大革命"期间又更名为51小学，1976年再更名为新市场小学。学校占地共4,143平方米，常年规模为6个教学班级，现有268名学生，15名教师。学校地处城乡接合部，由于城乡统筹和城镇建设，学校周边拆迁，本地生源逐年减少，学校现有生源主要以流动人口随迁子女为主。自2003年始，新市场小学被命名为南岸区民工子女定点就读学校。学校现阶段的办学理念：在不同的起点，有共同的成长。学校现阶段的办学目标为：打造区域特色的流动人口随迁子女定点就读学校。

学校现阶段的生源以流动人口随迁子女为主，学生的流动性大，受教育的连贯性差，每个孩子的起点都是不同的。学校在现阶段的教育追求就是让每一个到新市场小学学习的孩子，在新市场小学学习的期间，都能有属于他的新的成长。经过三年的课程建设的努力，把学校建设成为管理规范、队伍优化、环境优美、品牌形成、社会知晓的具有区域特色的流动人口随迁子女定点就读学校。通过在学校的课程学习，每个学生都有新的成长。努力将学生培养为会学习、懂生活、勤动手、知感恩、树自信、敢担当的新时代学生(图 3－4)。

会学习：乐学善学、勤于反思、有信息意识。

懂生活：学会生活、热爱生活、主动体验生活。

勤动手：有劳动意识、主动参与、有解决问题的能力。

知感恩：感恩生活、感恩他人、感恩社会。

树自信：积极向上、放眼未来、悦纳自我。

敢担当：责任意识、家国情怀、世界感知。

2. 案例评析

重庆市南岸区新市场小学作为流动人口随迁子女定点就读学校，基于本校学生发展基础不同，提出"不同的起点，有共同的成长"的核心培养理念，并围绕理念与核心素养细化培养目标，具有鲜明的学校特色与个性。在素养维度分解方面，个别素养在逻辑上可能有交叉，这也是大部分培养目标图面临的共同问题。其实，素养是一个较为综合性的表达，即使是分解后的素养，也有一定的综合性。因此，各素养因子只要各有侧重，不造成理解困惑，对于基础教育学校来说也可以先试用着，而后在实践中不断完善。

(五)培养目标图(案例 5)

1. 案例描述

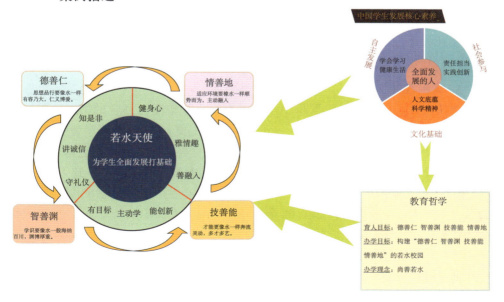

图 3－5　重庆市南岸区窍角沱小学课程规划培养目标图

重庆市南岸区窍角沱小学几经变迁，至今已有近 90 年发展历史，现学校占地面积 3,991 平方米，共有 13 个教学班，约 600 名在校学生，29 名教师。从 2004 年起，成为南岸区流动人口随迁子女定点接收学校。学校立足于流动儿童为主体的学生群体需求，致力于流动儿童融入新的城市学习生活不适应问题解决、流动儿童学习生活质量提升。把流动儿童适应问题的解决、核心素养的提升主阵地落实在课程上，学校秉承"尚善若水"的办学理念，让这群来自四面八方的小水珠都能在窍小怀抱中达成"德善仁、智善渊、技善能、情善地"的育人目标。

学校将"尚善若水"的教育理念注入对课程的理解。"尚善若水"，崇尚像水一样的善行境界：德善仁，思想品行要像水一样有容乃大，仁义博爱；智善渊，学识要像水一般海纳百川，渊博厚重；技善能，才能要像水一样奔流灵动，多才多艺；情善地，适应环境要像水一样顺势而为，主动融入。在这个理念的引领下，学校建立了尚善课程，在这个课程体系中，分为"善仁、善渊、善能、善地"四个课程模块，并将培养目标图（图 3-5）中的九个基本要点融入"善仁、善渊、善能和善地课程"之中。第一方面：知是非、讲诚信、守礼仪；第二方面：有目标、主动学、能创新；第三方面：健身心、雅情趣、善融入。

2. 案例评析

重庆市南岸区窍角沱小学课程规划培养目标图（图 3-5），将中国学生发展核心素养、学校教育哲学与学校培养目标绘制在一起，体现了三者之间的关系。同时，学校培养目标也是有能力且应该反哺学校的教育哲学。另外，该校将二级维度绘制在外圈，突出培养目标的二级维度学校特色，并用循环箭头标示其相互关系，体现了学校对培养目标素养关系的理解。

（六）培养目标图（案例 6）

1. 案例描述

重庆市南岸区天台岗雅居乐小学是天台岗小学集团化办学的第五个校区，建校于 2013 年，以天台岗小学"为孩子的幸福人生奠基"的办学理念为引领，努力践行"每天都上一个新台阶"的校训，用激情和专业诠释着"用心成就未来"的校区发展理念。在"建设一所具有幸福感的学校"的办学愿景下，学校致力于创设"快乐向上、主动发展、体验成长"的教育生态，让学生、教师、家长共同成为幸福教育的主人。学校现有教职工 92 名，学生 1,661 人。学校以积极心理健康教育为代表的特色建设初显成效，设立了集教育、培训、休闲、咨询、教研等功能于一体的积极心理健康教育中心，从校园环境、班级文化、学科课程、常规活动中全面渗透积极心理健康教育，现已成为教育部首批心理健康教育特色学校。

为确定学校培养目标，学校课程研究团队在已有的天台宝贝素养的基础上，结合《国家中长期教育改革和发展规划纲要》《教育部关于全面深化课程改

图 3-6　重庆市南岸区天台岗雅居乐小学课程规划培养目标图

革落实立德树人根本任务的意见》两大文件精神，并参考了二十四项积极心理品质和中国学生发展核心素养两项内容，用类比排列的方式将相近内容排列在一起（表 3-1）。通过对重庆市南岸区天台岗雅居乐小学课程规划培养目标分析表进行数轮研讨，结合学校学生特点和需求，合并、归纳出具有天台岗雅居乐小学特色的培养目标（图 3-6），即培养健身心、全人格、雅言行、善学思、会审美、勇创新的幸福小公民。其中，健身心、全人格、雅言行是培养目标中的必备品格，善学思、会审美、勇创新是培养目标中关键能力，而幸福小公民是具有社会责任、国际理解和国际视野的特质。

表 3-1　重庆市南岸区天台岗雅居乐小学课程规划培养目标分析表

《国家中长期教育改革和发展规划纲要》		《教育部关于全面深化课程改革落实立德树人根本任务的意见》	二十四项积极心理品质	宝贝素养	中国学生发展核心素养
德育为先	团结互助	高尚的道德情操成为社会主义合格建设者和可靠接班人	友善		
			社会智能		
			团队精神		
	诚实守信		真诚		
	遵纪守法		公正		
			谨慎		批判质疑
	艰苦奋斗		自律	绿色	自我管理
	社会主义核心价值体系		信仰		社会责任

续表

《国家中长期教育改革和发展规划纲要》		《教育部关于全面深化课程改革落实立德树人根本任务的意见》	二十四项积极心理品质	宝贝素养	中国学生发展核心素养
能力为重	学习能力	扎实的科学文化素质	热爱学习	智慧	乐学善学
					勤于反思
					信息意识
	实践能力		领导力		勇于探究
	知识技能		好奇心		技术运用
	动手动脑		开放思维		问题解决
	做人做事		洞察力		理性思维
			宽容	礼仪	
			谦虚		
	创新能力		创造力	创新	
全面发展	身心健康 体魄强健 意志坚强	健康的身心	希望	阳光	健全人格 珍爱生命
			热情		
			幽默		
			勇敢		
			坚持		
	审美情趣	良好的审美情趣	审美		审美情趣
	人文素养	中华文化底蕴	爱		人文积淀 人文情怀
			感恩	感恩	
	热爱劳动 热爱劳动人民				劳动意识
国际理解教育	对不同国家、不同文化的认识和理解	国际视野			国际理解

2. 案例评析

重庆市南岸区天台岗雅居乐小学通过认真研究分析国家相关文件、前沿相关科研成果以及集团学校文化特色，形成具有本校特色培养目标体系，体现了政策理解与执行力、教育科研与应用力，其思路具有可借鉴性。在培养目标图的可视化方面，用常用的圆形表达培养目标的逻辑层次，不过在文字与背景色的对比方面可进一步优化，提升清晰度与可视性。

（七）培养目标图（案例 7）

1. 案例描述

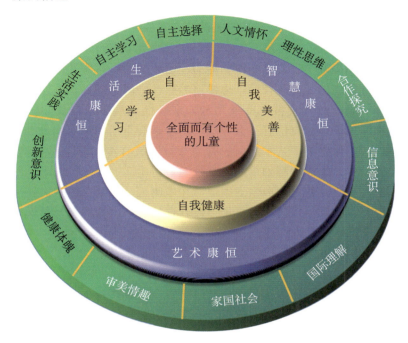

图 3－7　重庆市南岸区珊瑚康恒小学课程规划培养目标图

重庆市南岸区珊瑚康恒小学创办于 2010 年 9 月，是珊瑚实验小学教育品牌集团化办学的一所公办小学。现有学生 1,307 人，教学班 29 个，教师 79 人，其中在职在编教师 45 人。学校遵循"珊瑚最红、孩子最亲"的教育思想，秉承"多彩康恒、亲近致远"的办学理念。以"亲近"的教育形式，追求"康恒"和"致远"的育人目标。学校以多彩的教育内容、亲近的教育方式、达成康远的育人目标，在"生活、艺术、智慧"三大学校课程特质基础上，通过国家课程校本化实施，创生了"多彩"的校本课程。通过"互联网＋"时代的"跨界、渗透、融合、重组"，借助物联网技术，初步完成以"生活、艺术、智慧"三大学校文化特质为基础的智慧校园的整体打造。

基于"生活、艺术、智慧"三大课程特质和文化追求，学校提出基于核心素养的"一中心、三维度、三特质、十二要点"的学生培养目标校本表达（图 3－7）。

一中心，全面而有个性的儿童。全面，即面向全体、着眼全人，培育德智体美劳等基本素养，实现身心和谐发展。个性，即在全面发展的基础上，遵循儿童的身心发展特点，挖掘儿童的兴趣和潜能，引导学生多元个性发展，为成长奠基。

三维度，自我学习、自我健康、自我美善。在深度剖析中国学生发展核心素养的三维度和六大素养的基础上，把学生需要培养的素养聚焦在"认知、生存、合作、创新"等未来社会需求的关键核心素养，具体化为"自我学习、自我健康、自我美善"的校本素养。自我学习：着眼儿童的学习兴趣和学习习惯，学段衔接培养和提升学生自己学习的能力；自我健康：着眼儿童的身心健康和谐发展，培育锻炼的习惯和技能，思维培养感性中渗透理性，在文化和艺术中积淀底蕴和情趣；自我美善：着眼儿童未来个性发展需求，关注国家社会发展，了解国际社会，适应信息社会发展，初步学会生活和学习的自主选择。

三特质，生活康恒、艺术康恒、智慧康恒。教育在本质上是生活的积淀，需要艺术的滋养、生成智慧的结晶。学校教育将生活的精华、艺术的精美、智慧的精彩融为一体，着力构造生活康恒、艺术康恒、智慧康恒三大特质。生活教育是学校教育的枝干，艺术教育是学校教育的花朵，智慧教育是学校教育的果实。生活康恒：体现人与自然的关系，让孩子充分亲近、体验、感悟生活，激发学习兴趣；艺术康恒：体现人与工具的关系，教育的艺术、学习的艺术、生长的艺术会让人与工具完美和谐，一切都自由丰满，尽在掌握；智慧康恒：体现人与自我的关系，让孩子认识自己、激发自己，从身体、心智、潜力等方面帮助孩子超越自己，追求智慧教育、智慧学习和智慧生长的最高境界。

十二要点。立足校情，把核心素养的三维度和学校教育的三特质分解为十二个基本要点，主要表现为：自我学习——生活康恒，自主学习、生活实践、自主选择、创新意识；自我健康——艺术康恒，健康体魄、审美情趣、家国社会、国际理解；自我美善——智慧康恒，人文情怀、理性思维、合作探究、信息意识。

2. 案例评析

重庆市南岸区珊瑚康恒小学通过"一中心、三维度、三特质、十二要点"逐级分解的方式来实现学校培养目标校本表达，符合逻辑认知规律。在可视化表达方面，该校使用了立体圆饼图，并在同级用同色方式表达，重在体现同级关系。而同一板块目标同色或同色调则强调的是板块划分，至于哪个更优，就看学校需要强调的是哪个方面。

（八）培养目标图（案例8）

1. 案例描述

重庆市南岸区玛瑙学校，原是一所厂办子弟校，经60余年的办学历史，最终定位为重庆市的一所九年一贯制学校。学校占地面积9,066平方米，拥有30个教学班，1,400多名学生，94名在岗教职工。2010年，学校率先成为南岸区三所课堂改革试点校之一，探索实践出以"先学后教，合作达标"为基本特征的"双主双导"课堂教学模式，该模式以导学案为路径，导教案为依托，充分发挥了学生的主体作用和教师的主导作用，实现了教学方式和学习方式的重要突破。学校承"玛瑙"之名，深挖"玛瑙"的内涵和特质，以"玛瑙"元素为生发点，实施"本心教育"，培育千红文化。秉持"知行相长、知类通达"的办学理念，以立德树人为宗旨，不断提升学校的办学品质，努力把学校办成具有治理精心、文化共享、特色鲜明的九年一贯制学校。

图 3-8　重庆市南岸区玛瑙学校课程规划培养目标图

　　基于学生需求及中国学生发展核心素养的要求，学校确定了以培养"知行相长、知类通达"的"双知"玛瑙学子为学校的育人观。"知行相长"出自孙中山的《孙文学说》"以行而求知，因知以进行"，就是理论学习和客观实践的辩证统一。一方面，要让学生有一定的文化基础，有家国意识、人文情怀；另一方面，又要让学生具有科学精神，勇于批判质疑、探究实践，二者相互促进，共同生长。"知类通达"源于《学记》："一年视离经辨志；三年视敬业乐群；五年视博习亲师；七年视论学取友；谓之小成。九年知类通达，强立而不返，谓之大成。"也就是说，学习知识要达到深刻理解，触类旁通的境界，同时从中找到适合自己的才能和个性，自己所坚定支持的立场不轻易动摇。"知类通达"就是指通过九年的学习，学业能够融会贯通而有成。这也是作为九年一贯制学校——重庆市南岸区玛瑙学校的育人目标。这与本心教育所追求的"本心"即学生核心素养的培养目标是一致的。

　　如图 3-8 所示，围绕知、行、达三个核心，学校把"知"细化为：有知识、懂情趣、尚科学，意指玛瑙学子要有文化基础；把"行"细化为：善学习、存雅行、会生活，意指玛瑙学子能够自主发展；把"达"细化为：有担当、勤实践、会创新，意指玛瑙学子最终能够走向社会参与，实现自我价值。

2. 案例评析

重庆市南岸区玛瑙学校课程规划，以简洁经典的圆饼图表达学校培养目标体系，围绕"双知"人才培养，以知、行、达三个维度分解为九项素养。在可视化方面，整体配色鲜明，可视性好，其中"知"部分的二三级可优化为同一色相色彩。

（九）培养目标图（案例9）

1. 案例描述

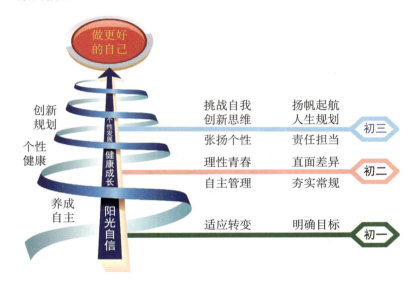

图 3-9 重庆市南岸区迎龙中学课程规划培养目标图

重庆市南岸区迎龙中学始建于 1932 年，目前有 11 个教学班，为迎龙镇唯一一所中学。近年来因茶园区域的发展，学生构成逐渐以留守流动儿童为主，寄宿生占 80％以上，学校努力让每个学生通过三年的学校学习生活，得到自主、全面的发展，注重培养孩子初步的创新意识和实践能力，注重培养孩子的自主管理能力，使学生获得成长自信，为终身发展奠基。

重庆市南岸区迎龙中学课程规划培养目标图（图 3-9），体现"三阶六步"学生培养目标图，整体设计是一个螺旋上升图形，寓意学生在老师的教育下渐进式发展，最后达到培养目标"做更好的自己"。中间的箭头上标注的"个性发展""健康成长""阳光自信"是学校学生培养目标"做更好的自己"的核心内容，寓意在初中三年的学习中，这三个方面的内容一贯始终。螺旋上升彩带分为三个阶段，即初中的三个级段；每一段分为两个步骤，既指每个阶段的上、下两学期，亦指每个步骤的重点工作。

2. 案例评析

重庆市南岸区迎龙中学课程规划培养目标图最鲜明的特点就是采用螺旋上升图形进行设计，体现学校关于培养目标理解的基本理念。同时，学校用简洁剖面图呈现初中三年分年级段培养目标，体现培养目标的更多细节。为完善本培养目标体系，学校还需要进一步理清并呈现培养目标具体到素养因素的选择与组合。

(十)培养目标图(案例 10)

1. 案例描述

高远目标：家国情怀，中华英才，造福社会，引领时代。

中级目标：华夏根基，国际视野，服务社会，创新发展。

基本目标：身心健康，人文素养，科学态度，责任相当。

立功为国之领军人物

立志致远之业界精英

立身以正之合格公民

图 3-10　重庆市第二外国语学校课程规划培养目标图

重庆市第二外国语学校，前身是创办于 1940 年的重庆市女子中学校，是国家首批"外语实验学校"，重庆市首个高中外语课程创新基地。学校有专职教师 358 人，学校最大的特色是外语特色。在外语教材的选用和课程安排上，学校以既保证学生的应试成绩，又提高他们的外语综合能力为出发点，同时选用通用教材和外国引进教材，把教学重心放在特色教材上，强化学生的听说能力，在培养学生语言综合应用能力的同时，使学生的应试水平也得以提高。在外语活动课安排上，各年级都开设了各具特色的外语课外活动。

依据国家课程目标、学校的办学理念，思考构建和描述学校的培养目标。首先明确基础教育在终身学习的阶梯中是正式学校教育的开端，学生要在这六年的学习中完成基础知识的积累、基本技能的习得、基本品性的养成，因而基础性决定了基础教育课程必须包括人要接受的最基本、最必需的课程内容，这是基础教育的基本属性。中国学生发展的核心素养要求培养全面发展的人，包括文化基础、自主发展、社会参与三个方面。通过对核心素养的解读，学校认为学生的文化基础和自主发展是基础，最终学生必然要走向社会，其"社会参与"是最终的归宿和目标。社会参与这一核心素养中"责任担当"摆在首要的位置。学校培养的目标是要让学生具备自我责任意识、家庭和组织责任观念、社会责任感。所谓"自我责任意识"就是能对自己负责，对自己的言行负责，也就是要达到"立身以正之合格公民"的培养要求。"家庭和组织责任观念"是希望学生有家国观念，能承担家庭和未来所在组织的责任，能用自己的能力成为家庭的顶梁柱和组织中的佼佼者，最终成为立志致远之业界精英。所谓"社会责任感"则是培养学生的"家国情怀"，能够引领时代潮流。用自己的知识、能力和高尚的情操为人类和世界的发展与进步贡献自己的力量，最终成为"领军人物"。

因此，学校在设计课程规划培养目标时，设置了三级目标，其中最为基础的目标是培养立身以正之合格公民（图 3 - 10）。《礼记·大学》中讲："物格而后知至，知至而后意诚，意诚而后心正，心正而后身修，身修而后家齐，家齐而后国治，国治而后天下平。"可见，"立身以正"是古代先贤希望教育达到的首要目标。在当前全面深化课程改革，落实立德树人根本任务的新时代，更要把合格公民的培养作为基础目标。学校培养的中级目标是立志致远之业界精英，其中最为重要的素质是服务社会，创新发展；也就是要把通过基础教育的三年或六年，培养学生的集体和社会责任感，让学生具有服务社会的意识和基础能力；具有较强的创新意识和创新观念。学校培养的高远目标是立功为国之领军人物，所谓领军人物是各行各业中具有崇高的价值追求、出类拔萃的素养、卓越的领导才能，能在复杂的环境中取得巨大成就，享有较高行业美誉度的成功人士。学校设置这样的高阶目标，并非要在基础教育阶段实现，而是要通过基础教育的培养，为学生提供更加广阔的发展成长空间，让学生的发展具有更多可能性。通过相关课程的设置，为有潜力的学生提供更加优质的平台。

2. 案例评析

重庆市第二外国语学校课程规划培养目标图，充分体现了其视野的广阔，以金字塔形呈现了学校基本目标、中级目标与高远目标，各级目标既有联系又具有明显的层次性。既仰望星空，又脚踏实地。在可视化方面，用同一个色调的不同深浅颜色表示，符合视觉的统一性原理。

（十一）培养目标图（案例 11）

1. 案例描述

重庆市广益中学（原重庆五中），始建于 1892 年，是重庆市重点中学。学校现有黄桷垭校本部（高中）和老厂文峰校区（初中），总占地 118,404 平方米。学校现有教职员工 262 人，教学班 85 个，学生共 4,000 余名。学校历史悠久，先后经历了教会办学、私立办学、重庆五中和更名复兴四个时期。1891 年，重庆开埠，西方文化伴随西方资本涌入中国，教会学校、教会医院应运而生，广益中学就是在这时的中西文化撞击与交融中诞生的；学校的课程设置就兼容并包了中学和西学，至今都是学校的鲜明特色。私立办学时期，更是以"中西融合、注重品学"为办学思想，特别重视德育课程，强调爱国主义教育，品行是立身之本，学识是立人之基；五中时期，学校以"注重实践、特长发展"为办学思想，重实践重体艺，重能力重兴趣爱好，开创了许多适合学生特色发展的课程，英语、足球、美术更是广益中学的三宝，在历史上取得了许多的荣誉；更名复兴时期，学校重新确立了"学行并举、文化育人"的办学思想，以素质教育为根本，继承和发扬百年史卷积淀的名校文化和优秀的教育教学传统，结合"中国学生发展素养"，以学校文化为内核，全面落实"增广学行，益国利民"的办学理念，构建了独具特色的学行课程体系，真正做到"益信、益品、益智、益身、益行"，让学生终身受益，助力其全面发展。

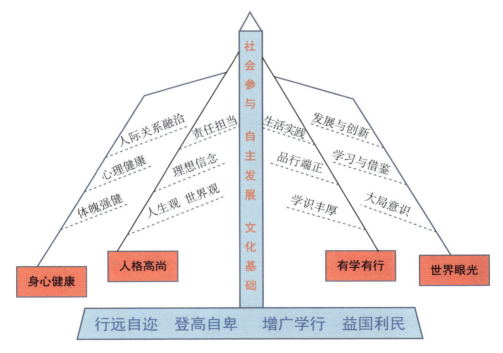

图 3 - 11　重庆市广益中学课程规划培养目标图

在全面培育和提高中国学生素养的今天，只有做到品行与学识并举，才能培养出人格健全、品学兼优的合格的社会公民。通过对核心素养的深入研究，广益中学结合学校办学哲学、办学理念、一训三风及地理形势构建了"学生发展目标图"——重庆市广益中学课程规划培养目标图。如图3-11所示，图形以校操场主席台和旁边的南山剖面图为雏形，表面似山的形状，与"登高自卑"合意；图形也可视为一架展翼的战斗机，与"行远自迩"合意。"培养目标图"的基础为校训"行远自迩，登高自卑"和办学理念"增广学行，益国利民"，意指学生在广益中学接受文化的熏陶，知识的洗礼，奠基未来的发展；其脊梁为中国学生核心素养的三大方面，表明学生的发展必须以素养为支撑，才能站得正，行得远，飞得高；其两翼分别载有"身心健康""人格高尚"和"世界眼光""有学有行"的学生发展目标，而骨骼更是四大目标的具体发展内容，两翼健硕，骨肉丰满，意为广益学子在全面培养下定能展翅（翼）高飞。

2. 案例评析

重庆市广益中学课程规划培养目标图，结合学校教育哲学与学校基本地理形式制作，给学校师生亲切而熟悉的可视化形象。同时，包含的信息也较为丰富，以校训与办学理念作为基础，以中国学生发展核心素养作为主轴，以四类素养作为两翼。在可视化方面，对于线条元素比较多的信息图，可以优化线条的粗细与色彩，从而表达更多的情感与信息。

（十二）培养目标图（案例12）

1. 案例描述

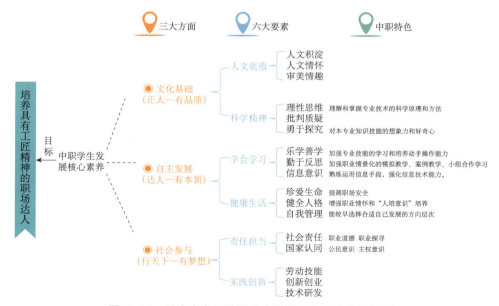

图3-12 重庆市龙门浩职业中学课程规划培养目标图

重庆市龙门浩职业中学是隶属于重庆市南岸区教育委员会管理的公办全日

制中等职业学校。学校始建于 1965 年，1982 年开办职业教育，是"国家级重点中等职业学校""首批国家中职示范学校"。学校占地面积 194.7 亩，生均设备总值为 1.25 元；学校每年学历教育在校生人数 6,000 人左右，社会培训 10,000 多人次；与 136 家国内外大中型企业建立稳定合作关系，建成校内实训室 84 个，校外实训基地 63 个。学校教职工总数 269 人，专任教师 257 人。学校开设有以现代服务业为主体的 7 个专业大类共 19 个专业。

如图 3-12 所示，重庆市龙门浩职业中学的学生培养目标——培养具有工匠精神的职场达人。总目标：培养"有本领、有品质、有梦想"的职业达人。聚焦核心素养，体现职业特色，为达成育人目标，学校把达业课程体系分为三个层次，即基础课程、技能课程、拓展课程，分别对应人才培养目标的有品质、有本领和有梦想。第一类为关注学生人文底蕴和艺术积淀的基础课程，主要由基础整合课程课和特色选修课程（包括人文素养课程、科学素养课程、艺术素养课程）构成。基础课程培养学生较深的人文底蕴和较强的科学精神，达到"有品质"。第二类为关注学生自主发展的技能课程，由专业核心课程、专业方向课程和岗位历练课程构成。各专业根据行业企业和社会需求而确定。技能课程让学生学会专业技能、提升专业能力，培养学生学会学习和健康生活，让学生毕业时"有本领"。第三类为关注学生社会参与的拓展课程，由创新创业课程和实践体验课程构成。培养学生责任担当和实践创新，完成从"准职业人"到"职业人"的转变，成为"有梦想"并能圆梦的龙职达人。

2. 案例评析

作为一所公办中等职业学校，重庆市龙门浩职业中学的培养目标设定牢牢把握学校性质，体现国家对中职生的培养要求，同时又结合区域与学校情况细化定位。在可视化表达方面，学校采用了思维图示的逻辑树来表达。这种图示逻辑清晰、结构严谨、信息量大，但也会在一定程度上影响可视化的视觉效果，视觉形象性略低，需根据学校情况进行选择。

第四章　学校课程规划结构Ⅰ：课程层级图

一、课程层级图概述：学校课程规划的需求层次

(一)课程层级与学生发展

当前，学校课程发展的一个趋势就是丰富多元多样性，唯有如此，才能提供适切的可供选择的课程，才能更好地促进学生全面而有个性的发展。而丰富多元多样的课程，并不是简单的累加，更不是凌乱地摆放，而是以一种或多种结构呈现的。因此，分析学校课程的结构就显得尤为重要。通常，结构与功能从一开始就是不可分割的两个词语，不管是非生物界还是生物界，其结构与功能息息相关，要研究功能就一定要先分析结构，而要剖析结构时就一定会考虑其相应的功能。正如水可以呈现液态、固态和气态结构，从而拥有不同的功能；也如碳元素因不同的结构，组成木炭和钻石，产生不同的功用。

在分析与编制学校课程规划时，我们通常会搜寻学校已开设课程及其有关知识与经验；但是，如果这些课程以及知识经验排列不好，没有形成结构，就不容易提取解决问题的相应策略。这时，我们就需要结构化的思维方式。结构化的思维方式可以把触发条件相似的知识或课程组成块组；然后经过组织、概括、归类、抽象等组成某种触发条件下的系统；系统与系统间又组成某种触发条件下的大系统，如此循环，形成具有一定层次而结构紧密的思维网络，[①] 这也就是学校课程规划的结构化过程。利用这个结构化的思维网络，有助于学校课程规划时在短时间内形成大容量的思维操作；有助于学校课程规划时使心理视野看得更远，也就是更具有远见，形成大图景思维；还有助于学校课程规划时进行大跨度的思维，促进创造性课程规划思维的发挥。

分析学校课程规划结构，其核心功能还是促进学生发展，也就是要促进学生作为人的全面发展。马克思主义深刻阐明了人发展的具体内涵，即全面、自由、充分、和谐发展。全面发展主要是指人的各种需要、素质、能力、活

---

① 强海涛．商务策划原理与实践[M]．北京：机械工业出版社，2011．

动和关系的整体发展；自由发展是把人作为目的；充分发展是指发展的程度；和谐发展是指人与人、人与社会、人与他人以及包括个人自身在内各方面关系的协调和优化。① 学校课程为满足学生全面、自由、充分、和谐发展需要，就必须对不同学生的不同发展需求进行分层分类分析，构建课程层级结构。

（二）课程层级图绘制

在绘制课程层级图时，最经常使用的是金字塔图。我们都知道，金字塔是从下到上逐级堆叠起来的建筑物，金字塔的结构简单、紧密、稳定，具有非常清楚的框架。因此，由金字塔意象衍生出的金字塔图也是如此，它既是一种思考方式，也是一种沟通方式，还是一种视觉表态方式，其特点在于可以将重点突出，逻辑清晰，层次分明，简单易懂。② 金字塔图有三个功能：一是能够将学校的课程有条理地组织起来；二是能够帮助我们理清课程之间的逻辑关系；三是能够帮助我们分析学校课程属性。

金字塔结构是由一层又一层的内容构成的，在每一层的内容中，都存在着不同的逻辑关系。同一分支的内容间存在的是直接并列关系，不同分支的内容间存在的是间接关系。在实际绘制中，可以首先将学校全部误程做一个列表，然后依次放入绘制好的金字塔图框架中，最后再修正图形。另外，金字塔结构图也有两种类型，一是正金字塔图，二是倒金字塔图。

二、课程层级图案例剖析

（一）课程层级图（案例 1）

1. 案例描述

重庆市南岸区金山路小学创立于 1972 年，原属重庆市南岸区电力建设总公司，2006 年移交南岸区教委。学校面积 13 亩，教职工 47 人，教学班级 18 个，在校生 798 名。学校确立了以"行阳光道，做幸福人"的办学理念，从培养目标出发，确立"让每一个师生阳光成长"的课程理念，以全人培养为目标，建设具有阳光教育特色的课程。学校以阳光教育实践为目标，构建了"四位一体，和谐发展"的阳光教育立体交叉体系，以阳光的校园文化为背景，以阳光管理为载体，以培养阳光少年、阳光教师、阳光家长为重点，以阳光课堂

---

① 张淑明.马克思关于人的全面发展学说及其教育意义[J].理论月刊，2007(07)：14-16.

② 高杉尚伊.麦肯锡教我的逻辑思维：从逻辑思考到高效执行的规律与方法[M].北京：中国友谊出版公司，2016.

为主体，让师生享受教育、享受成长、享受幸福，努力实现教师"幸福地教"、学生"幸福地学"。

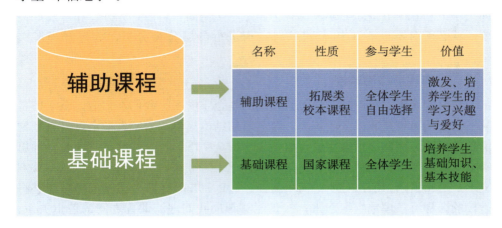

图4-1　重庆市南岸区金山路小学课程规划课程层级图

阳光课程体系有机整合国家课程、地方课程、校本课程三类课程，在"适合"上做文章，重构课程框架为基础课程与辅助课程（图4-1）。基础课程即为国家规定的课程和地方课程，辅助课程则以校本课程为主体，包括学科延伸类、主题活动类、个性化课程三大类。基础课程面向学校全体学生，培养学生们全面发展的能力。为学生们进一步学习校本课程，进一步开始学习辅助课程打下坚实的基础。同时，为培养学生良好的学习习惯与基础技能，促进学生全面发展夯实基础，是学校课程开展的基石。学校的辅助课程面向部分有相关兴趣的学生。辅助课程有利于进一步激发和发展学生的兴趣爱好，开发学生潜能、促进学生个性发展和学校办学特色的形成。例如：辅助课程中个性化课程下设的"家长讲坛""泥塑"等课程让家长们参与到学校的课程活动中来，既丰富了学校的课程活动，又加强了学校家庭共建活动的开展。

在课程设计上既保障学生共同基础的学习，又能满足和促进个性的多元需求。课程建设既要结合社区与学校课程资源，又要根据学校的办学理念、办学模式和办学条件，遵循学校和学生的独特性与差异性原则。同时，学校采取基础课程校本化实施，辅助课程特色化实施，覆盖学校全部生活，给学生的个性发展、教师的专业发展、学校的特色发展提供了崭新的舞台。

2. 案例评析

重庆市南岸区金山路小学课程规划根据学校具体情况与基础条件，化繁为简，将学校课程分为基础课程与辅助课程两级，分别面向全体学生和部分学生。因此，课程层级图做得分类简洁、清晰，并用圆柱辅以信息丰富的剖面图进行可视化表达。当学校辅助课堂逐渐丰富起来时，单课程层级图就难于体现所有辅助课程的关系，此时就必须辅以课程群图(详见第五章)。

(二)课程层级图(案例 2)

1. 案例描述

学真知、做真人、爱生活的现代小公民

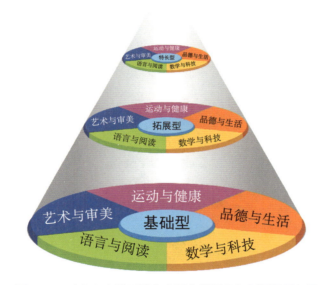

图 4 - 2　重庆市南岸区城南家园小学课程规划课程层级图

重庆市南岸区城南家园小学建于 2012 年 9 月，是重庆市最大公租房城南家园社区唯一的配套小学。学校现有一年级至六年级教学班共 74 个，学生 3,451 名。教职工 194 人(其中在编教师 116 人，临聘教师 78 人)。学校秉承"南风润心"的办学理念，努力构建家园文化体系，以"真"为核，以"爱"为魂，润心陶冶，努力追求"尚真·知行·致远"的教育境界。学校努力整合教育资源，建构润心课程体系，促进学生全面发展与个性成长，教师专业提升以及现代学校特色发展。

重庆市南岸区城南家园小学润心课程横向整合三级课程，形成基础型、拓展型、特长型三类课程(图 4 - 2)，纵向根据学生培养目标，为其提供五个学习领域的课程：语言与阅读、数学与科技、品德与生活、运动与健康、艺术与审美五个学习领域。基础型课程包括国家课程和地方课程，面向全体学生，属必修课程，主要培养学生适应终生发展和未来社会发展所需的必备品格和关键能力。拓展型课程是基础型课程的延伸和补充，面向学生的不同需求，采用

"必修＋选修"方式，让学生选择自己感兴趣的科目和领域进行学习，发展自己的兴趣爱好。特长型课程面向在某一方面有特长的学生，开发其潜能。

2. 案例评析

重庆市南岸区城南家园小学课程规划将学校课程分为基础型、拓展型和特长型三类，并用圆锥形金字塔图表示，简洁清晰，较好地实现了课程层级的可视化呈现。为在可视图中呈现更多信息，五个学习领域作为贯穿三个层级的纵线可不重复出现，而改为采用参考线方式呈现，从而节省空间，然后在各层级中具体呈现相应的课程模块。

(三)课程层级图(案例3)

1. 案例描述

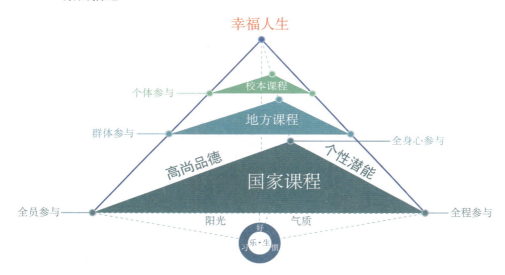

图 4-3　重庆市南岸区中窑小学课程规划课程层级图

重庆市南岸区中窑小学是一所地处鸡冠石地区城乡接合部的进城务工子女就读学校。学校濒临长江之畔，坐落南山脚下，占地面积 4,043 平方米，建筑面积 1,621 平方米，现有教学班 6 个，在校学生 110 名，在职教师 11 名。学校秉承"好习惯成就幸福人生"的办学理念，遵循"寻美创新、乐学多思、求真立善"的校训，构建以生为本的"乐生"课程体系，积极挖掘学校课程建设的两个基点：一是"乐"，即快乐；二是"生"，即生命、生长、生活、生态。

重庆市南岸区中窑小学课程规划层级图(图 4-3)解读：一个课程目标，培养学生成就幸福人生的素养。两个课程基点，乐(快乐)、生(生命、生长、生活、生态)。三个课程类别，国家课程、地方课程、校本课程。三个课程领域，高尚品德、个性潜能、阳光气质。三个课程要求，其中横向为：全员参与、全程参与、全身心参与，其中纵向为：全员参与、群体参与、个体参与。N个课程设置，学校设置了丰富多彩的课程，学生积极主动参与必修课程，自主选择参与选修课程。

2. 案例评析

重庆市南岸区中窑小学虽然办学规模很小，但"麻雀虽小，五脏俱全"，其课程体系相对完备，课程层级也较为清晰。在本课程层级图中，信息量十分丰富，融入了课程目标、课程基点、课程类型、课程领域与课程要求。在一个信息量丰富的可视化图表中，信息点在图中如何分布与表达也是值得认真考量的。

(四)课程层级图(案例4)

1. 案例描述

图4-4　重庆市南岸区文峰小学课程规划课程层级图

重庆市南岸区文峰小学创建于1942年，现在是一所农村义务教育保障机制学校，学校占地面积3,900余平方米，有教学班12个，学生523名，教师28人。学校以"文以厚德、学以登峰"为办学理念，基于对中国学生发展核心素养的校本理解与学校学生发展需求，形成了以"成一个优雅少年"为核心的学生培养目标素养框架。学生培养目标素养分为优学、雅行两个方面，强调学生学与行结合的学习过程，强调学行的结合，综合表现为乐学、善学、厚学、尚行、美行、德行六大核心素养。

学校"优·雅"课程从学生培养目标出发，分为班级基础课程、年级拓展课程、学校探究课程三类（图4-4）。班级基础课程含国家规定的所有课程，铺垫学生宽泛扎实的基础。年级拓展课程课以年级为组织形式，开设主题式活动课程，形成综合实践、独立思考、交流合作等能力和智慧。学校探究课程以社团为组织形式，以专长为导向，鼓励学生发现兴趣、发展特长、找到自信。从"优·雅"课程出发，学校还构建了"优雅阅读"课程，涵盖在班级基础课程、年级拓展课程、学校探究课程中（图4-5）。

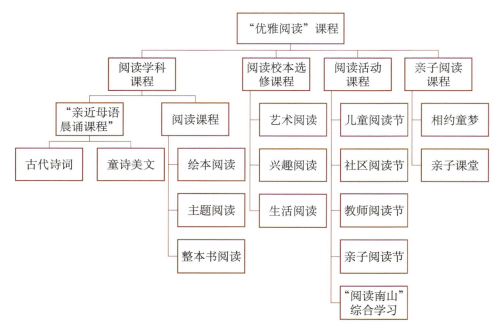

图4-5　重庆市南岸区文峰小学"优雅阅读"课程图

2. 案例评析

重庆市南岸区文峰小学课程规划课程层级图，融合台阶、人物与圆柱三个主图形，信息量大，包括学校培养目标、课程层级、课程内容维度、校本特色课程结构等，整体可视化设计较好。同时，根据学校现实条件将课程层级与班级、年级、校级结构相关联。另外，台阶上的文字信息在辨识性上还可以进一步优化。

(五)课程层级图(案例 5)

1. 案例描述

类型	性质	对象	价值
迷彩课程	校本特色课程	有针对全体的，也有针对有特长需求的个体的	养成生命特质，充分发挥学生个性潜能优势；促进学生个性全面和谐发展
异彩课程	校本兴趣课程	有兴趣爱好的部门学生	张扬学生生命个性，培养、激发和发展学生兴趣爱好，开发学生潜能，促进学生个性发展和学校办学特色的形成
同彩课程	基础类课程	全体学生	亮丽学生的生命底色，培养学生基础知识、基本技能，促进学生全面发展

图 4-6 重庆市南岸区上浩小学课程规划课程层级图

重庆市南岸区上浩小学始建于 1937 年，学校占地面积 6,165 平方米，现有 15 个教学班，600 余名学生，41 名教职工。学校一直秉承"浩泽生命、上达异彩"的办学理念，坚持"生命教育"，以教育科研作引领，以创新实践活动为载体，着力打造以消防安全教育为基色、科技教育为亮点、轮滑训练为优势的生命教育特色学校，大力开展"三彩课程"建设，形成具有时代精神和上浩特色的生命教育校园文化，为每一个孩子的平安幸福、智慧成长奠定基础，成为全国先进少年军校、全国少年消防军(警)示范校、全国消防安全教育示范学校，"办区域老百姓欢迎的优质学校""扬生命教育的旗帜为师生幸福人生奠基"是学校办学的理想和追求的目标。

"三彩课程"是重庆市南岸区上浩小学基于"尊重生命个体，张扬生命个性，养成生命特质，奠基幸福人生"的办学理念，结合"培养具有胸怀天下、乐学尚美、体魄强健、生存有道的现代少年"的目标对国家课程、地方课程和校本课程进行整合后形成的学校本位课程(图 4-6)。生命化的校园应是学生放飞智慧的乐园，在特色课程建设中，基于生命教育理念下的"三彩课程"包含了国家课程、地方课程、校本德育课程的"同彩课程"，针对全体学生，亮丽学生的生命底色；以校本兴趣课程为主的"异彩课程"，针对部分学生，引领学生张扬生命个性；以校本特色课程为主的"迷彩课程"，既有针对全体学生的"轮滑""竖笛"等课程，也有针对学生个体的"衍纸""合唱"等课程，促进学生个体全面发展。

2. 案例评析

重庆市南岸区上浩小学以一棵树为主图形绘制学校课程层级图，形象地呈现了学校课程的基本层级结构。右侧则以剖析图呈现各级课程的类型、性质、对象与价值，其核心逻辑线索是学习对象，从同彩、到异彩、再到迷彩，也体现了学校对全面而有个性发展的理解。

（六）课程层级图（案例 6）

1. 案例描述

图 4-7　重庆市南岸区巨成金竹希望小学课程规划课程层级图

重庆市南岸区巨成金竹希望小学创办于 1956 年，是一所农村小学，面向的是农村孩子和进城务工人员子女。学校比较偏远，交通不便利，现有教室 6 间，教学班 6 个，单班教学，学生约 230 人，教职工 11 人。跳绳、踢毽是学校的特色活动，学校参加南岸区跳绳踢毽比赛，多次获得团体一等奖。学校积极变革课堂教学方式，开展了"农村小班化教学的策略""农村小班化合作学习"的策略研究，"关于农村小学生儿童诗创作能力的实践研究"等课题。

围绕办学理念，结合培养目标，重庆市南岸区巨成金竹希望小学建构了三级课程结构（图 4-7）。课程目标：培养学生成为尚德、尚礼、尚学、尚美，拔节生长的幸福少年。课程层级：基础课程、拓展课程、特长课程。基础课程主要有：国家课程、地方课程和校本课程中的必修课程。拓展课程主要有：兴趣课程和主题课程等。特长课程主要有："跳绳""踢毽"和"葫芦丝"。课程领域：人文与社会、科学与实践、身心与健康、艺术与审美。

2. 案例评析

重庆市南岸区巨成金竹希望小学，作为南岸区最偏远的农村小学之一，以培养合格小学生作为底线要求，充分利用学校资源构建课程层级体系，满足不同学生的发展需求。在该课程层级图中，呈现了不同层级面向的对象、达成的目标和主要的课程构成。在可视化方面，色调和谐，空间布局合理，做到了清晰、简洁。

（七）课程层级图（案例 7）

1. 案例描述

重庆市南岸区学府路小学位于学府大道的城乡接合部，紧邻重庆交通大学，创建于 1946 年，现有教师 30 多名，学生 500 余名，其中 50% 以上为进城

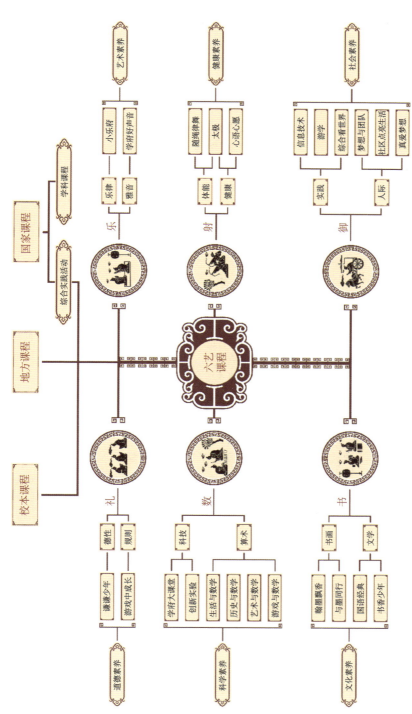

图4-8　重庆市南岸区学府路小学课程规划课程层级图

务工人员子女。学校传承中华优秀传统文化，开发六艺课程，积淀墨韵学府文化品质，优化中式建筑物语，探寻现代教育，成为中国传统文化进校园首批项目校、当代特色学校、南岸区示范级学校。

如图 4-8 所示，学校课程通过借鉴君子六艺古典教育，立足现代教育发展与学生学习需求，发展学生的道德素养、文化素养、科学素养、健康素养、社会素养、艺术素养，按照学习领域强化课程系统内部的关联以及课程要素间的配合，构建起中华传统文化与现代教育融合的六艺课程体系，满足 21 世纪技能培养与学生个性化学习需求，帮助每个学生成人、成才。同时，通过课程维度以及价值指向制定了六艺课程各层次课程分目标（表 4-1）。

表 4-1 重庆市南岸区学府路小学六艺课程分目标表

课程维度	价值指向	课程分目标
礼	德性修养	1. 具有良好品德和行为习惯，乐于探究，热爱生活。 2. 能够认识自然、了解社会和把握自我，并在与自然、社会的互动中发展自己。
	规则意识	3. 自觉遵守谦谦少年行为准则和社会基本行为规范。 4. 形成对集体和社会生活的正确态度，学会关心，学会爱，学会负责任。
乐	艺术表现	5. 掌握必要的乐理知识和基本技能。 6. 善于运用艺术形式创造性地表达自己的情感和思想。
	审美追求	7. 了解中外音乐发展史和有代表性的音乐家及音乐作品。 8. 能够有意识地体验音乐所表达的情感。
射	体质体能	9. 掌握和应用基本的体育知识和运动技能。 10. 养成运动的兴趣和爱好，形成坚持锻炼的习惯。
	心理健康	11. 学会学习和生活，正确认识自我，形成健全的人格和良好的个性心理品质。 12. 具备调控情绪、承受挫折、适应环境的能力，形成良好的社会适应力。
御	创新实践	13. 具备适应社会生活和进一步发展所必需的综合素质及能力，并有坚定的意志和方向。 14. 具备自我服务和社会服务能力，发展创新精神和实践能力。
	人际交往	15. 学会欣赏、理解和悦纳他人，能够与人分享和交流。 16. 具有积极的人生态度、主动学习、主动帮助他人的服务意识和社会责任感。
书	文化素养	17. 掌握书画技法，有一定的艺术表现能力和创作能力，能够体会书画的笔墨情趣和精神意境。 18. 亲近中华优秀传统文化，有一定感受力。
	文学涵养	19. 具有适应实际需要的识字写字能力、阅读能力、写作能力、口语交际能力。 20. 能体验文学作品所表达的思想和艺术特点。

续表

课程维度	价值指向	课程分目标
数	科学探究	21. 掌握基础科学知识和技能，能够应用于力所能及的科学探究活动中。 22. 有强烈的好奇心和求知欲，具有一定的想象力，敢于创新。
	算术能力	23. 具备应用数学的意识以及基本的数学思想方法和必要的应用技能。 24. 了解数学的价值，体会数学与自然及人类社会的密切联系，能主动、积极、有兴趣地学习数学。

2. 案例评析

重庆市南岸区学府路小学课程规划中，课程层级以课程管理的三级方式进行划分，即国家课程、地方课程与校本课程，并将国家课程的综合实践部分与地方课程、校本课程整合规划为六艺课程，同时制定了各课程分目标。该课程层级图以思维导图方式呈现，逻辑清晰，视觉符号选择恰当，具有良好的可视性，但层级性相对较弱。

（八）课程层级图（案例 8）

1. 案例描述

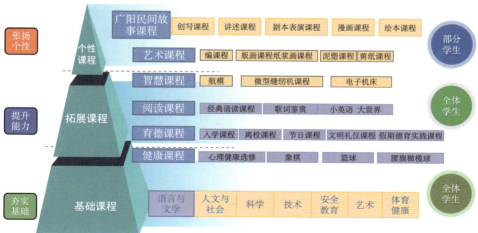

图 4-9 重庆市南岸区东港学校课程规划课程层级图

重庆市南岸区东港学校位于南岸区广阳镇，其前身是国营重庆造船厂职工子弟学校。学校建于 1972 年，现占地 30 亩，教职工 49 人，在校中小学生 300 余人。学校始终秉承"求卓越·臻至善"的校训，坚持"九年奠基·至善人生"的办学理念，以"求真尚美·博学笃行"为育人目标，建构并践行"三环六步"自主互助课堂学习模式，启动并实施了学校课程改革。随着课程改革的深入推进，学校构建至善教育课程体系，同时立足现有课程资源——国家级非物质文化遗产"广阳民间故事"传承基地这一优势，构建了广阳民间故事校本课程，关注学生个性发展和文化传承意识，用书香滋养生命，以故事引领成长。依托乡村学校少年宫，学校大力开展学生社团活动，开展泥塑、版画、广阳民间故事、经典诵读等项目，注重学生创新精神和实践能力的培养，促进学校特色发展。

如图 4-9 所示，重庆市南岸区东港学校通过规划至善课程三级体系，落实学生发展核心素养，培养全面发展的人。一是基础课程：切实开展国家课程，以"素养·课标·教材·学案"一体化设计为抓手，将课程标准作为基础课程教学的逻辑起点，深度解读学科课程标准，培养学生学科核心素养。其课堂特质：一例三学五流程，体验质疑重成长，逐步改变学校各学科教师课堂执教行为，努力打造有效课堂，深入推进本校"至善"课堂建设。二是拓展课程：积极建设校本课程，规划艺术课程、智慧课程、阅读课程、育德课程、健康课程五大类课程。结合学校特色项目"农村学校学生运动与健康管理体系的构建"重点打造腰旗橄榄球。三是个性课程：根据东港学校地域特点，具有独特优势课程资源，通过开展民间故事系列课程：探索与制定广阳民间课程建设的基本流程与实施规律，探索对学生进行课程指导的校本形式和课程实施的方法，建立广阳民间故事与学科的渗透，以此增强学生主动探究、团结合作、勇于创新的精神，提高写作、语言表达、审美等自身素质，引领学生发展核心素养，帮助学生明确未来的发展方向。通过传承广阳民间文化，塑造学生人文精神，构建学生精神家园，培养学生家国情怀，激发民族自豪感，实现学生道德回归。

2. 案例评析

重庆市南岸区东港学校课程规划课程层级图，以典型的金字塔加剖面图方式呈现，体现了面向不同学生群体提供不同课程的基本理念。同时，学校充分发现、开发与利用本校或当地资源来进行特色课程开发，如乡村少年宫、广阳民间故事等。另外，在可视化方面，层级图中文字字号大小、文字与背景色彩对比等方面可进一步优化，提升可视化效果。

(九)课程层级图(案例 9)

1. 案例描述

重庆市第 110 中学，创建于 1972 年，前身是重庆第二师范学校附属小学，1972 年改为市属单办初中，更名为重庆市第 110 中学。学校拥有两个校区，占地面积共 50 余亩，在校学生近 2,000 人，教学班 40 多个，在职教职工近 200 人。学校秉承"求真、笃行、善学、尚美"的校训，践行"立品为本，立学为先"的办学理念；以"让校园成为学生立品立学的幸福乐园"为办学目标；努力培养生活自理、行为自律、学习自主、人格自尊的全面发展的中学生。

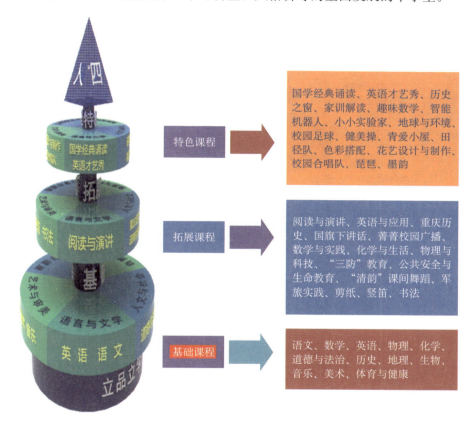

图 4 - 10　重庆市第 110 中学课程规划课程层级图

　　为了践行"立品为本，立学为先"的办学理念，达成"四自"学生培养目标，学校对课程进行了梳理，将课程分为基础课程、拓展课程、特色课程三个大类和语言与文学、人文与社会、自然与科学、体育与健康、艺术与审美五个课程领域，在课程的实施中继续执行"三化"策略行动方案，以二期课改项目为抓手，让核心素养生根课堂（图 4 - 10）。

2. 案例评析

　　重庆市第 110 中学课程规划课程层级图，使用了 3D 立体柱图与剖面图相结合，展示基础课程、拓展课程与特色课程的三级课程体系。3D 立体图在新媒体中作动态展示是不错的选择，但作为平面图则会出现展示不完整的情况。

从视觉的简洁统一性来看，箭头也不宜另选颜色表达，应与箭头前方或后方内容色调一致。

（十）课程层级图（案例10）

1. 案例描述

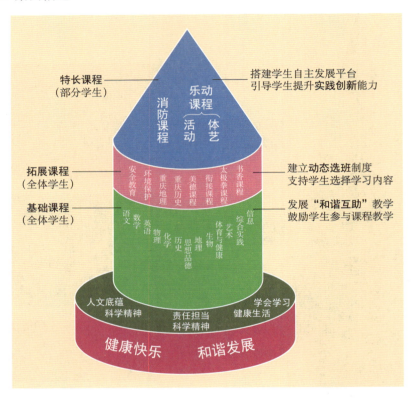

图4-11　重庆市弹子石中学课程规划课程层级图

重庆市弹子石中学始建于1957年，历史上办过普高、职高与初中，并经多次整合并校，现专门从事全日制初中义务教育。学校占地面积17,555平方米，建筑面积8,161平方米，现有教职员工40人，学生360人，教学班10个。学校学生培养目标为：培养身心健康、乐观向上、品德合格、有一定特长的"乐和"少年。

学校"乐和"课程分为：基础课程、拓展课程、特长课程三级（图4-11）。基础课程是国家规定的课程，包括"语文""数学""英语""物理""化学""思想品德""历史""生物""地理""体育与健康""艺术""信息"和"综合实践"共13门课程；拓展课程包括"安全教育""环境保护""重庆历史""重庆地理""太极拳课程"

"衔接课程"(中小学语文衔接、中小学数学衔接和中小学英语衔接)、"书香课程"(经典诵读和书法)和"美德课程"(道德课堂和中华礼仪)12门课程；特长课程包括"消防课程"和"乐动课程"。"乐动课程"包括体艺("武术""田径""乒乓球""篮球""足球""科幻""绘画""民乐阮课程"和"羽毛球")与活动("小小舞蹈家""小小志愿者""小小画家""小小书法家""小小歌唱迷"和"小小电脑迷")15门课程。

2. 案例评析

重庆市弹子石中学课程规划课程层级图，以立体多结构图形呈现，信息丰富且结构层级明显，同时将详细课程列在相应层级上，并对每一个课程层级的核心工作作了解读。在可视化方面，色彩本身属性的考虑可进一步优化，色彩的层级可采取彩虹式或标准常用色谱顺序。

(十一)课程层级图(案例11)

1. 案例描述

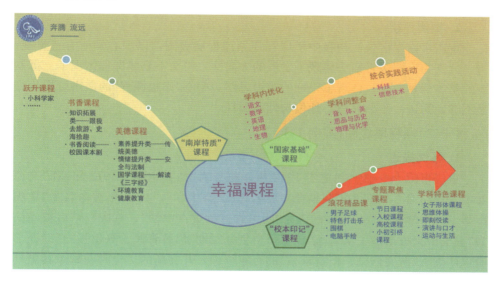

图4-12　重庆市南岸区长江初级中学课程规划课程层级图

重庆市南岸区长江初级中学始建于1961年，前身是重庆市长江电工厂子弟校，于2006年划归南岸区教委。校园占地面积18亩，现有专任教师41人，教学班级9个，在籍学生280余人，采用小班制教学。学校以"办传承文明之学，立返本开新之人"为办学使命，秉承"每朵浪花都一样澎湃"的办学理念，以家校共育、现代学校建设为抓手，致力于培养身心健康，社会责任感、民族认同感强，具有独立思考、自由探索和创新精神，有好奇心，坚毅品格和协作、淑世精神的现代公民。学校十分重视课堂、课程研究工作，一期课改成果之长中"四·六课堂"模式在区域内影响极大，是南岸区教委首批重点打造的三所深化初中课改实验学校之一，曾获得全国"创新型学校称号"。

如图4-12所示，重庆市南岸区长江初级中学课程内容分"国家基础"课程、"南岸特质"课程、"校本印记"课程三类，具体设置的课程内容如下：

一是"国家基础"课程。作为学校七至九年级学科基础知识和综合实践活动课程，体现国家课程的基础性，面向全体的必修课程。

二是"南岸特质"课程。体现"书香南岸，幸福教育"三大特质，开设有"美德"课程（"中华传统礼仪"课程、"自主法纪"课程、"节日"课程、"情感价值观"课程），"书香"课程（"读书益智"课程、"写好一手字"课程、"演讲与口才"课程），跃升课程（"小小实验家"课程、"航空模型"课程、文学社团、合唱队）。

三是"校本印记"课程。作为学校课程特色的校本课程，开设有"入校课程""离校课程""小升初衔接课程""思维体操""快乐学英语""生活与物理""生活中的化学""特色打击乐""女子形体""男子足球""围棋""茶艺""缝纫"等特色课程。

2. 案例评析

重庆市南岸区长江初级中学课程规划课程层级图，以中心辐射方式呈现，每一分支为一层级，箭头体现了发展的方向性，箭头下具体课程体现了支撑发展的基本课程力量，体现了很好的逻辑思路。中心"幸福课程"的文字可视化突显不够，需进一步凸显核心地位与性质属性。

（十二）课程层级图（案例12）

1. 案例描述

重庆市第十一中学创建于1912年，前身为"精益中学"（1912年）和"文德女中"（1914年），1952年两校合并更名为"文益中学"，1953年被命名为"重庆市第十一中学"。1982年被确认为"四川省首批重点中学"，重庆直辖后被确认为"重庆市首批重点中学"。学校坚持自创办时期"启智育民、兴学强国"的办学追求，秉承"博文修德、精益求精"的百年校训，并在新的历史时期赋予其更具体的内涵——培养有人文素养、科学素养和创新素养的家国栋梁。十一中先后培养了王良、丁雪松、卢佩章、吴敬琏、陈家全、裴娣娜等革命家、外交家、院士、经济学家、平世界田径纪录的优秀运动员、教育家等大批优秀人才。学校现有教职工460余人、学生6,500余人、教学班120多个，一校五部，正走向集团化办学之路。学校以课程领导力为引领，以课程实施为路径，以课程评价为保障，立足学生核心素养，深化课程改革的探索与实践。近年来，学校先后荣获全国德育先进集体、全国德育科研先进实验学校、全国五四红旗团委、全国体育先进学校、全国艺术教育先进集体、教育部关心下一代工作先进单位、北京大学"中学校长实名推荐制"学校、全国高中教育50强中学、北京大学基教中心优秀创新人才培养实验学校、重庆市教育系统先进集体等一系列荣誉称号。

课程结构 三级三类

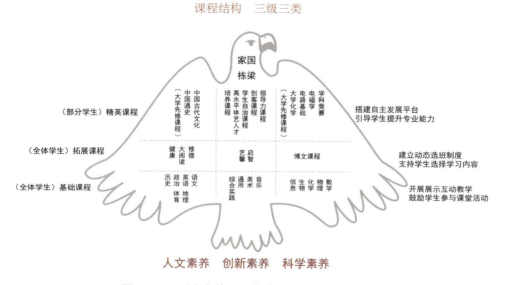

图 4 - 13 重庆市第十一中学课程规划课程层级图

如图 4 - 13 所示，重庆市第十一中学的课程分为：基础课程、拓展课程、精英课程三级。基础课程即为国家规定的课程；拓展课程则以校本课程为主体，包括修德课程、博文课程、健康课程、艺馨课程、启智课程和"大阅读"特色课程，共六大类；精英课程包括大学先修课程、学生自治课程、领导力课程、创客课程、学科竞赛课程、高水平艺体人才培养课程共六大类。三级课程均涵盖了对学生三大素养的培养。

从实施途径看，其中基础课程开展展示互动教学，鼓励学生参与课堂活动，拓展课程建立动态选班制度，支持学生选择学习内容，精英课程搭建学生自主发展平台，引导学生提升专业能力。既突出了学校"主体教育"办学特色，又针对学生的实际做到了教育层次细分、规划科学、结构合理，每个学生都能找到适合自己发展的途径。

2. 案例评析

重庆市第十一中学课程规划以鹰为主体形象构建学校课程层级图，体现了课程远景目标。该图信息丰满，分为左、中、右三大部分：左为课程层级标识与面向的对象，即为谁开设；中为课程主体，即各级课程的基本类目；右为目标方向提示。同时，在分级的基础上再进行分类，并在下方标示核心素养作为基础。另外，学校课程规划图可以适当使用色彩表达更丰富的可视化信息。

第五章　学校课程规划结构Ⅱ：课程群图

一、课程群图概述：学校课程规划的供给侧改革

(一)课程分组与课程群图

分组是人脑认知世界的基本策略之一，就是将各种不同属性的课程信息通过特定的逻辑线索组合在一起，形成不同的组群。分组的目的是让信息更加清晰、简单，让观者更容易阅读和理解，其本质也是思维结构化的过程。课程规划中的结构化思维，就是一个人或共同体在进行课程规划(包括课程分组)时能站在整体的角度，遵循启发性的原则，充分发挥左右脑的功能，通过对课程的深度理解和分析，充分利用已有的认知结构透彻地认识课程，合理地分解课程，循序渐进，逐步求精，从而进一步完善自己的认知结构，全面完整地对课程进行系统思考和分类。结构化思维具有以下三个基本原则：其一，以终为始。根据培养目标来分组，分组排序过程中始终想着学校培养目标。其二，MECE 原则。MECE 是 Mutually、Exclusive、Collectively、Exhaustive 四个单词的首字母，中文意思是"相互独立，完全穷尽"。分类是彼此独立、有限、可量化的。其三，80/20 原则。也即效率法则，就是要求在课程规划时讲究实际、集中精力于最有效果的因素上，即按课程的重要程度编排优先次序。这一准则是建立在"重要的少数与琐碎的多数"原理的基础上，就是说在大多数特定事情中，重要的因子通常只占少数，而不重要的因子则占多数，只要能控制具有重要性的少数因子即能掌握全局。通过课程分组、排序，我们就可以建立课程群。课程群，就是把具有内容相关性或培养目标相关性的不同课程编排到一起组成一个"群"。良好的课程群，会进一步形成良好的学校课程生态。

(二)课程群图绘制

在学校课程规划时，需要充分利用可视化方式建立课程群图，展现学校课程领域关系，通常是先建立横向与纵向坐标，然后把学校已经开设以及规划开设的课程一一填入坐标，最后再做价值排序与可视化优化调整。在建立坐标方面，常见的维度有按基础型课程、拓展型课程、特长型课程分和按课程主要学

习领域分。在可视化方面，分组的方法非常丰富，比如通过颜色、形状、大小、空间分布等，既可以是常态的坐标图，也可以是方块图，还可以是学校个性图。

二、课程群图案例剖析

（一）课程群图（案例 1）

1. 案例描述

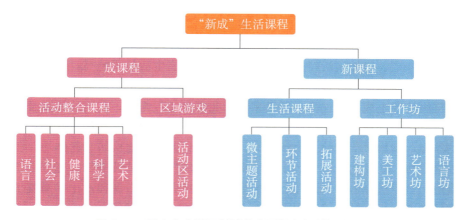

图 5 - 1　重庆市南岸区新城幼儿园课程规划课程群图

重庆市南岸区新城幼儿园，是重庆市一级普惠性幼儿园。2018 年 9 月，新城幼儿园由两个园区的模式更改为集团化管理模式下的新城幼儿园和新城长生幼儿园两所具有独立法人的幼儿园。新城幼儿园位于城南家园五组团，占地面积 3,166 平方米，户外面积 3,500 平方米；办园规模 9 个班，300 个学位。新城长生幼儿园位于长生桥镇横街二巷 3 号，占地面积 590 平方米；办园规模 4 个班，130 个学位。幼儿园有 76 名教职工，在编在册 31 人，社会招聘 45 人。新城幼儿园本着"着眼当下，夯实基础，稳步发展"的思想，克服扩容困难、吸纳众家所长、立足基本规范，建构具有时效性、发展性、特色性的园本课程。以"唤生活之力，养儿童新生"为办园理念，培养"品生活、悦生活、绘生活"的幸福儿童，实现"幼儿、教师、幼儿园"共同发展的愿景。

如图 5 - 1 所示，重庆市南岸区新城幼儿园的"新成"生活课程由成课程与新课程两部分组成，成课程、新课程两者相辅相成，相互补充，通过"3＋2"课程模式实施。成课程主要实施形式为整合活动和区域活动。整合活动以主题为载体、五大领域为核心，利用整合教材、多媒体、自制教学具材料，采用集体引导或分组操作形式以及游戏化教学手段进行。区域活动以自主选择为核心，小中大不同的年龄段增设不同的活动区域，提供不同的区域材料，区域和材料根据整合课程、生活活动、儿童兴趣需要等因素不断增加、更换与调整，活动内容和组织形式不固定，从幼儿参与活动的实际情况与问题生成而来，每个班级均有不同。

新课程主要实施形式为生活活动和工作坊活动。生活活动以微主题为载体，拓展活动为辅助，根据幼儿发展的需求、问题及兴趣，筛选出活动主题与内容，通过"发现问题—提出问题—解决问题—反思评价"的过程，提升幼儿生活自理能力和独立自主能力。同时，结合盥洗、进餐、午睡、点心等生活环节，重点进行幼儿生活习惯的培养，锻炼日常的生活技能，通过长期性、坚持性的培养和锻炼，逐渐养成良好的生活习惯。拓展活动由以锻炼基本生活技能的"新星一家"、增加生活经验的"新星养培"、提高生活品质的"新星创艺"三大板块组成，活动内容、重点、形式、材料每个班级不固定，可提前预设，也可根据班级情况生成活动。生活活动多以幼儿亲身实践为主，利用幼儿园及身边的社区、学校等环境便利条件，动手去试一试、做一做、学一学，寻找自己想要的答案，增加生活经验及生活能力。工作坊目前设有建构坊、艺体坊、美工坊、语言坊，幼儿选择喜欢的工作坊参加，每周轮换或持续进行，充分给予他们自由、自主选择的权利。"新成"生活课程是成课程与新课程占比逐渐减少与增多的动态过程，目前成课程占比70%，新课程占比30%。

2. 案例评析

重庆市南岸区新城幼儿园的课程群是以课程的组织方式为线索来进行分组成群的，这样更符合幼儿园阶段教育特点和学校课程实践基础情况。在可视化表达方面，学校采用了逻辑树的方式来组织，具有简洁清晰的特点。另外，同一板块使用同一色调呈现体现群的特点，具体到三四级维度时可以进一步用颜色深浅或同一色谱颜色区分不同的小群组。

(二)课程群图(案例2)

1. 案例描述

重庆市南岸区川益小学于1924年建校，近百年来，从私立学校到兵工厂子弟校再到公办校，学校几易校址，几经分合，数更校名。现在的川益小学，在编在册教职工52人，教学班23个，学生999人。学校以实施南岸区课程领导力项目为载体，以"益生"教育理念为引领，从课程理念、结构、实施等方面梳理建构"益生"课程，不断完善"益生课堂"的解读与实践。目前，学校已打造了"葫芦丝课程""趣味堂课程""分餐体验课程""文化节课程""社团课程"等几十门校本特色课程。

如图5-2所示，在重庆市南岸区川益小学课程规划课程群图中：红色为"立生"课程，为全体学生必须经历的课程；黄色为"延伸"课程，为各学科内容

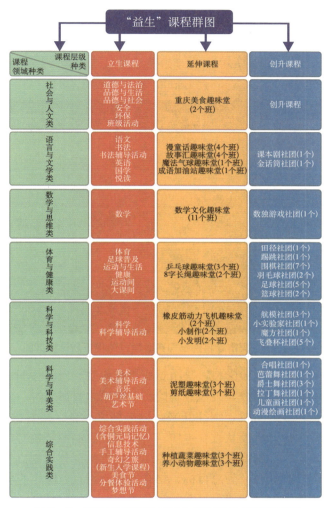

课程层级 课程 领域种类 种类	立生课程	延伸课程	创升课程
社会与人文类	道德与法治 品德与生活 品德与社会 安全 环保 班级活动	重庆美食趣味堂 (2个班)	创升课程
语言与文学类	语文 书法 书法辅导活动 英语 国学 悦读	漫童话趣味堂(4个班) 故事汇趣味堂(4个班) 魔法气球趣味堂(1个班) 成语加油站趣味堂(1个班)	课本剧社团(1个) 金话筒社团(1个)
数学与思维类	数学	数学文化趣味堂 (11个班)	数独游戏社团(1个)
体育与健康类	体育 足球普及 运动与生活 健康 运动间 大课间	乒乓球趣味堂(3个班) 8字长绳趣味堂(2个班)	田径社团(1个) 踢跳社团(1个) 围棋社团(7个) 羽毛球社团(2个) 足球社团(5个) 篮球社团(2个)
科学与科技类	科学 科学辅导活动	橡皮筋动力飞机趣味堂 (2个班) 小制作(2个班) 小发明(2个班)	航模社团(3个) 小实验家社团(1个) 魔方社团(1个) 飞叠杯社团(5个)
科学与审美类	美术 美术辅导活动 音乐 葫芦丝基础 艺术节	泥塑趣味堂(3个班) 剪纸趣味堂(3个班)	合唱社团(1个) 芭蕾舞社团(1个) 爵士舞社团(1个) 拉丁舞社团(1个) 儿童画社团(1个) 动漫绘画社团(1个)
综合实践类	综合实践活动 (含铜元局记忆) 信息技术 手工辅导活动 奇幻之旅 (新生入学课程) 美食节 分餐体验活动 梦想节	种植蔬菜趣味堂(3个班) 养小动物趣味堂(3个班)	

图 5 - 2 重庆市南岸区川益小学课程规划课程群图

的拓展，年级组内走班选学的课程，一、二年级用每周一、四的下午第 2 节实施，三至六年级用每周一、四下午的第 3 节课实施；蓝色为"创升"课程，全校学生以自选社团形式开展，一、二年级用每周二、三下午第 2 节及每天放学后的 1 小时实施，三至六年级用每周二、三下午第 3 节及每天放学后的 1 小时实施。

2. 案例评析

重庆市南岸区川益小学以立生、延伸、创生三类课程为横向维度，以社会与人文类等七类课程领域为纵向维度，将学校全部课程分成 20 个群组，并绘制课程群图。在课程群图上，可以清晰地显示每个模块数量的多少，课程数量多的组块是学校课程丰富性的体现，课程数量少乃至缺少的组块是学校需要加强的方面。另外，在颜色使用方面，是纵向同色还是横向同色，体现了课程规划者最注重的分类维度。

(三)课程群图(案例3)

1. 案例描述

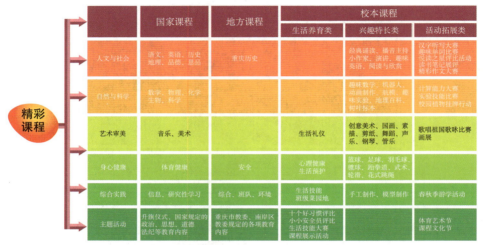

图5-3　重庆市教科院巴蜀实验学校课程规划课程群图

重庆市教科院巴蜀实验学校，是由重庆市教科院、巴蜀中学、巴蜀小学联合创办的全日制寄宿制学校，秉承教科院精益求精之科研精神，发扬巴蜀精英辈出之优秀传统，披荆斩棘，继往开来，以最精之教育，最好之教育为己任，服务家长，教育学生。学校从教育本质、自身特点、渊源传统等方面出发，确立"精"的核心理念，并围绕它逐步建构专属于自己的课程规划以及学校文化。

学校以培育"精彩少年"为总目标，结合寄宿制特点，除了扎实开展国家课程和地方课程实施以外，把课程打造的视角放在"生活养育"上，具体培育目标概况为"四养四育"(图5-3)。四养：养生命，养身体，养感情，养习惯；四育：养道德，养品格，养知识，养能力。据此，学校把课程内容的设置概况为"一个基础点，两个创新点"。即以国家课程的落实作为课程构建的基础，专设"生活育人"课程和"活动育人"课程。"生活育人"课程整合校内外资源，从安全、心理健康、礼仪、劳动、生活技能、生活防护等方面进行构架和实施，形成学校课程建设的亮点；"活动育人"课程，以书法、足球、花式跳绳为艺体特色的发展思路，并整合校内外师资，开设涉及语言、艺术、运动、思维、科学五大领域二十几门兴趣课程。

2. 案例评析

重庆市教科院巴蜀实验学校在绘制课程规划课程群图时，充分考虑学校基本特点，即充分考虑一年级至九年级全日制寄宿制学校学生的发展需求，将校本课程细分为生活养育类、兴趣特长类与活动拓展类课程，抓住了本校课程的主要生长点。同时，以横向同色相表达，注重的是学习领域的统一。在可视图中，文字也是重要的因素，可适当放大字号提升阅读性。

（四）课程群图（案例4）

1. 案例描述

项目　　层次　　领域	基础课程（必修）	辅助课程		
		必修	限定选修	自主选修（社团）
重养成　阅读与生活	语文、英语	国学	诵读与表演、阅读与表达、脱口秀、童话王国	小石头广播站、英语童话剧
重养成　人文与社会	道德与法治、安全、环境	成长护照	历史故事	安全自救、礼仪社团
启潜能　数学与思维	数学、信息技术	数学实践	思维体操、财商	奥数、财商
启潜能　科学与实践	科学、综合实践	手工/科技	小实验家、机器人、缝纫、科幻绘画	小实验家、小发明机器人、创客
臻善美　艺术与审美	音乐、美术	口风琴、线描书法	合唱、口风琴、舞蹈、线描、书法、国画、纸艺、电脑绘画	合唱、舞蹈、民乐线描、书法、国画
臻善美　体育与健康	体育、健康	足球、乒乓球	乒乓球、篮球、足球、田径、艺术体操	田径、乒乓、篮球、足球、艺术体操、拉丁舞

图 5-4　重庆市南岸区弹子石小学课程规划课程群图

重庆市南岸区弹子石小学创建于清光绪二十八年（1894年），学校建立之初便把自己定位于培养"兼善致世之用"的人才。目前，弹子石小学以集团化办学方式拥有三个校区：弹子石小学本部校区、弹子石小学CBD校区、中海校区小学部。现弹子石小学两校区共有教学班50个班、2,373名学生、138名教师；中海校区小学部共有32个教学班，1,517名学生，78名教师。近年来，学校在进一步完善课程规划的基础上，与时俱进，深入挖掘"养石成玉"办学思想所蕴含的教育理念，全面推进"养成课堂"，形成了"上下左右"的突破："上"，将课堂教育教学改革与学校文化建设深入融合，实现了从"养石成玉"到"养成教育"到"养成课程"到"养成课堂"的教育体系构建，形成了"养成课堂"的解读，包括目标、任务、评价等，使学校课程规划具有更坚实的理论支撑与更强的可操作性；"下"指以课堂"6＋2"习惯与素养，德育"四习惯"，使"养成"不再出现在文字系统之中，而是在课堂上有了明确的指标，有力地保证学生核心素养与学科素养在课堂上能够得到充分发展；"左"和"右"主要指导教育资源的建设，以课程创生，stem＋，学科课程标准、单元式深度学习目标制定等，使教师在课堂教育教学中，可以有更高的目标指引与实践探索平台。

如图 5-4 所示，重庆市南岸区弹子石小学"养成课程"，遵循"重养成、启潜能、臻善美"的育人内涵，主要分为养正课程、潜能课程、善美课程三大类：养正课程。主要通过实施基础课程、习养课程和礼仪课程，蒙以养正，让学生在知识掌握、能力养成、品德养成等方面得到基础性的全面发展，达到国家课程标准对学生培养的要求。潜能课程。在实施养正课程的基础上，着眼于充分开启学生的潜能，培养和发展学生的学习能力、实践能力和创新能力，通过实施国学课程、校史课程、课程辅助和综合实践等课程，促进学生个性发展、特长发展，能力进一步提升。善美课程。在实施养正课程、潜能课程的基础上，着眼于学生更高层次的成长，通过社团课程、探究课程和德美课程，让学生成为一个勇于探索、善于创新，具有较高人文内涵和素养，具有高尚人格，对社会有用的人，力争达到至善至美的境界。三类课程实施以养正课程为基础，在此基础上拓展至潜能课程，在实施潜能课程基础上升华至善美课程，最终实现学生"成玉成人"，全面发展的育人目标。

2. 案例评析

重庆市南岸区弹子石小学课程规划课程群图，横坐标、纵坐标均为两级维度。这样，既有相对上位把握，又能看出细分的 24 个课程板块，比如艺体类选修课程较为丰富。从可视化的角度来看，内容颜色文字对比清晰，色系统一，一行一颜色，体现领域的贯通性。不过，第一行颜色可进一步优化。

(四)课程群图(案例 5)

1. 案例描述

重庆市南岸区海棠溪小学，现有 18 个教学班，800 多名学生，生源多为流动人员子女，46 名专任教师。学校坚持"海棠花儿齐绽放"的教育宗旨，结合学校基础情况和校本资源，有效地将"环保教育"和"美学教育"融为一体，逐步形成了以"快乐海棠，幸福校园"为办学理念的"绿色课程"。这样将环境教育从课堂到活动，从活动延伸到学校整体性的教育管理当中，力求将环境保护意识深深地扎根于学校每一位师生的心灵深处。

学校在保证国家课程内容的前提下，抓好地方课程，并充分利用校本资源的优势，发展校本课程。以绿色课程的建设为突破口，推动学校的校本研修，形成合作研究型的教研团队，提高教师的学习与研究能力。根据三类课程之间、学习领域之间以及学科内容之间的联系，进行学科统整，构建课程群，努力创建绿色课程实验研究和示范基地。

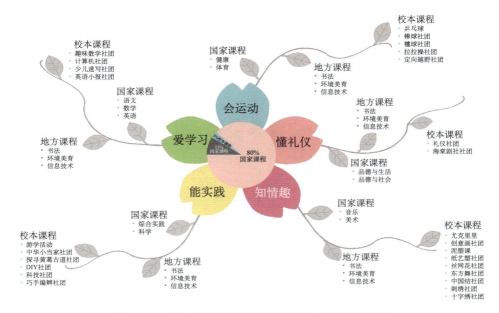

图 5 - 5　重庆市南岸区海棠溪小学课程规划课程群图

2. 案例评析

重庆市南岸区海棠溪小学以学校培养目标为第一维度，以国家、地方和学校三级课程为第二维度进行分类编成课程群，并以学校主形象海棠花的形状进行呈现（图 5 - 5），具有良好的可视性。不过，对于以培养目标具体素养为维度进行划分时，国家课程和地方课程的归类通常都有一定的难处。例如：语文是一门人文性课程，具有较强的综合素养性，将其放到"爱学习"中，就容易忽略其对"知情趣"的培养。

(六)课程群图(案例 6)

1. 案例描述

重庆市南岸区天台岗融创小学，于 2012 年 9 月开办，是天台岗小学教育集团下的独立法人公办小学。学校占地面积 12,148 平方米，建筑面积 7,573 平方米。学校现有教学班 15 个，教职员工 37 人，学生 579 人。学校以传统文化为办学特色，遵循"融汇传统，创新未来"的办学思路，用国学浸润师生，将教育的根深植于民族的命脉、传统的血液和文化的"乳汁"，从中汲取丰盈的营养；同时，用发展的眼光、创新的思想办学，大胆"走出去"与"引进来"，增进文化交流。

通过挖掘与整合国家、地方课程资源，重建课程规划、优化课程实践，构建了"幸福教育融创课程"，以"仁：相友爱、互通无；智：乐善思、敢质疑；雅：雅言行、高志趣"为课程目标，具体分为"仁""智""雅"三个系列课程（图 5 - 6）。

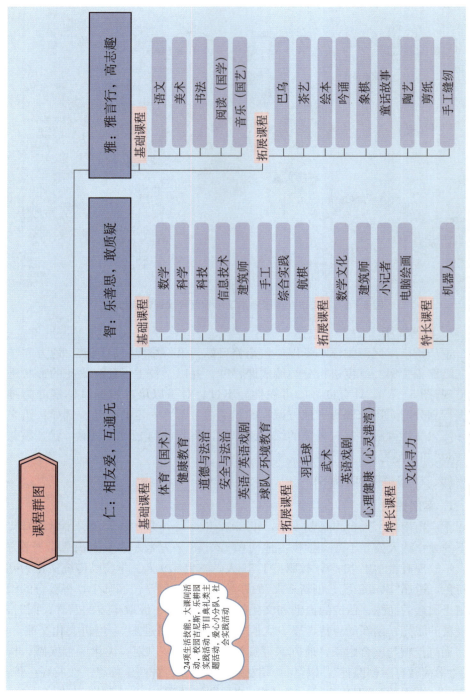

图5-6 重庆市南岸区天台岗融创小学课程规划课程群图

"仁"课程系列，是为了培养孩子能做到相友爱、互通无。主要包括基础课程中的体育(国术)、健康教育、道德与法治、安全与法治、英语/英语戏剧、班队/环境教育，拓展课程中的羽毛球、武术、英语戏剧、心理健康(心灵港湾)，特长课程中的文化寻力。

"智"课程系列，是为了培养孩子敢质疑、乐善思。主要包括基础课程中的数学、科学、科技、信息技术、建筑师、手工、综合实践、航模，拓展课程中的数学文化、建筑师、小记者、电脑绘画，特长课程中的机器人。

"雅"课程系列，是为了培养孩子雅言行、高志趣。主要包括基础课程中的语文、美术、书法、阅读(国学)、音乐(国艺)，拓展课程中的巴乌、茶艺、绘本、吟诵、象棋、童话故事、陶艺、剪纸、手工缝纫。

其中，24项生活技能、大课间活动、校园吉尼斯、乐耕园实践活动、节日典礼类主题活动、爱心小分队、社会实践活动贯穿在"仁""智""雅"系列课程之中。

2. 案例评析

重庆市南岸区天台岗融创小学，将课程按主要培养素养切分为仁、智、雅三个板块，再按基础课程、拓展课程与特长课程分为具体 8 个课程包。通常来说，按素养来归类课程面对综合性较强的学科都会有点顾此失彼，如语文等学科。另外，各课程包可以用不同颜色或同色的不同饱和度色来区分，从而达到更好的可视化区分效果。

(七)课程群图(案例 7)

1. 案例描述

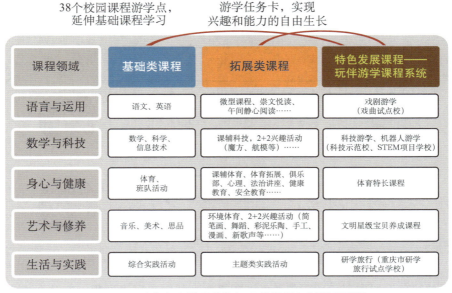

图 5－7　重庆市南岸区黄桷垭小学课程规划课程群图

重庆市南岸区黄桷垭小学的课程围绕功能性课程、五大领域进行分类，以素养培养为导向进行构建（图5-7）。基础类课程针对的是所有学生；拓展类课程根据学校培养目标、学生的兴趣需求进行分类开设，学生进行必修和选修；特色发展课程是学生在能力和兴趣基础上的深度研究性学习。拓展类和特色发展课程是学校培养学生核心素养的重要课程体系，亦是基础素养得以运用、体现和展示的重要平台。三类课程均涵盖"语言与运用、数学与科技、身心与健康、艺术与修养、生活与实践"五大领域的内容。

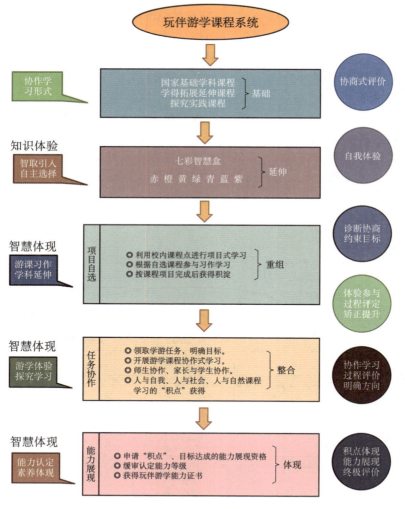

图5-8　重庆市南岸区黄桷垭小学特色发展课程设计图

其特色发展课程，即玩伴游学课程系统，是立足国家课程，充分考虑学生实际发展需求基础上建立的一套将知识转化为能力，将能力转化为智慧的课程学习系统以及与之相匹配的对学生能力进行价值认定的评价系统。学校通过对国家课程学科知识的延伸、重组，以任务式的现场真实性学习为基础，以获取语言文字、数学逻辑、视觉空间、身体运动、音乐旋律、人际关系、自我认知、自然认知等优势智能为体现方式。在校园内建立了38个游课学习点，在每一个游课学习点设计多类既能体现学科目标又能培养实践能力的任务。让学生经历游课的项目式学习后，对学科课程进行了整合和创生，课程直接指向对学生核心素养的培养，通过向老师征集题目，最终，把这些题目变成了两副类似扑克牌的东西，其中一副叫"玩伴游学"课程卡，还有一副则以科学和生活为线条，每一道题，都与之相关，按照类别来分，包括设计类、朗诵类、表演类、写作类、手工类(图5-8)。

2. 案例评析

重庆市南岸区黄桷垭小学课程群图最鲜明的特点就是利用学校特色发展课程，串联与盘活全部课程，很好地成为国家课程、地方课程的有机补充，进而实现满足不同学生发展需求的目的。在可视化表达方面，文字、色彩与图形是核心的三要素。在该图中，体现"玩伴游学课程"与其他课程模块的联系主要是文字与线条，可进一步优化视觉直观性。

(八)课程群图(案例8)

1. 案例描述

重庆市南岸区珊瑚中铁小学创建于2012年，是南岸区珊瑚实验小学的一所分校。珊瑚中铁小学位于茶园新区，临近南岸区政府，是一所高起点、高配置、高标准的现代化公办学校。学校占地面积26,788平方米，有44个教学班，117名教师，2,100余名学生。学校的办学理念为"亲适孩童，强慧身心"。"亲适孩童"就是学校实施亲亲教育，以珊瑚小学"亲近儿童"的办学思想为灵魂，力图适合每一个儿童；"强慧身心"就是让每一个孩子身心健康，具体来说，一是"强身"，身体强健；二是"慧心"，心智健康。学校的培养目标是：将每一位儿童培养成为以全面发展为基石、"六会"(会自理、会健身、会守规、会交往、会技艺、会创造)发展为所长的社会主义建设者和接班人。

如图5-9所示，重庆市南岸区珊瑚中铁小学的"亲·中铁课程"群，首先是以国家课程为基础，结合本校实际开展素质拓展课程、特长彰显课程，对国家课程进行拓展延伸；特长彰显课程通过师生双选，为有天赋有特长的孩子提供更多的训练机会和平台。另外，通过班会、德育活动等方式开展主题活动课程。在这四种课程类型的基础上，从"语言与阅读、数学与科技、品德与健康、审美与艺术"四个维度对前三类课程进行了划分统整，主题活动课程单列。

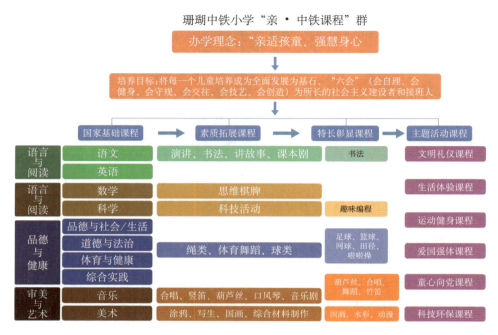

图5-9 重庆市南岸区珊瑚中铁小学课程规划课程群图

2. 案例评析

重庆市南岸区珊瑚中铁小学课程规划课程群图信息丰富多元,将办学理念与培养目标同图融入,体现了课程群的依据与由来,并以四大学习领域和四类课程性质为维度划分为13个课程群组(主题活动整体为一组)。在课程信息可视化方面,可进一步优化色彩,如提高色彩纯度、应用色彩明度变化等,提升课程信息可视化的情感认同。

(九)课程群图(案例9)

1. 案例描述

重庆滨江实验学校由原重庆市92中、玄坛庙小学、艺校、玄坛庙幼儿园4所学校于1997年3月合并而成。学校现有在编教职工81人,在校学生1,507人,初中部有13个班级540名学生,小学部有21个班级967名学生。学校正在探索九年一贯制教育发展的思路和策略,在课程体系的设置上体现九年一贯的优势。学校定位的育人目标为培养"平和少年"。滨江"平和少年"的核心品质主要是博学善思、坚忍不拔、平实友善。为培养"平和少年",学校从实践与活动、意志与进取、合作与交流、科学与探究、批判与发现、健康与审美6个方面着力来塑造学生的12种品质:强体魄、爱学习、铸毅力、善进取、重实践、

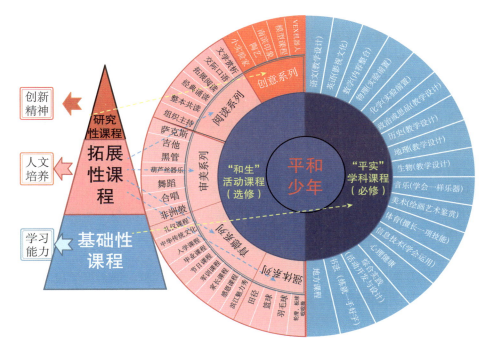

图 5 - 10　重庆滨江实验学校课程规划课程群图

乐参与、好合作、善交往、重观察、乐探索、善反思、有创新。

如图 5 - 10 所示，重庆滨江实验学校的课程体系划分为两大板块。

一是"平实"学科课程：学校在语文（教学设计）、英语（影视文化）、数学（内容整合）、音乐（学会一样乐器）、美术（绘画艺术鉴赏）、体育（擅长一项技能）、信息技术、心理健康（团队辅导活动、沙盘游戏等）、综合实践（活动开发与设计）、书法（练就一手好字）等国家规定的学科课程的开展上，探索九年一贯的学科知识融合、衔接，使学生更加能够适应九年的学习生活，并更能展现出九年培养学生的成果。在物理（实验前置）、化学（实验前置）、政治或思品（教学设计）、历史（教学设计）、地理（教学设计）、生物（教学设计）、地方课程方面，学校实行分学段进行开展。

二是"和生"活动课程，包括五大系列。阅读系列：①文学赏析，由语文学科实施开展，形成九年一贯；②交际口语由语文、英语学科实施开展，主要在初中学段实施开展；③拓展阅读、经典诵读（绘本或读本编写）、整本共读、组织主持，由英语、语文学科实施开展，主要在小学学段实施开展。审美系列：主要体现在艺术特长培养方面，学校开展萨克斯、吉他、黑管、葫芦丝、舞美训练、童声合唱、水墨画，形成九年一贯。育德系列：①开展礼仪课程（开发家庭、校园、社会礼仪校本课程）、中华传统文化课程、入学课程（开学了）、毕业课程（毕业了）、节日课程、军训课程、家长课程、感恩课程、"滨江魅力秀"体艺科技活动周大课程，形成九年一贯；②"六一"狂欢日，主要在小学学段开展实施。健体系列：①主要体现在体育特长培养方面，开展田径、篮球、羽毛球课程，实现九年一贯；②针对中考体育项目，有目的开展九年级体育中考项目训练，增强学生体能素质。创意系列：①主要体现的科技特长培养方面，开设 VEX 机器人、南滨印象活动课程，形成九年一贯，并编制课程读本；②开设"小实验家"生物、"小实验家"化学、天文社团课程，主要在初中学段实施开展；③开设航模、戏剧、心算、思维训练、数学创生、数学实践活动、布艺、陶艺、茶艺、竹艺、剪纸活动课程，主要在小学学段实施开展。

2. 案例评析

重庆滨江实验学校是九年一贯制学校，在规划课程群时能根据学校发展和学生需求设计学科课程和活动课程，学校课程设置朝着既有九年一贯的融合，也有分学段实施的特色发展。在信息可视化方面，学校将课程层级图与课程群图合并，提供更为丰富的信息。同时，学校采用简洁的饼状图进行表达，课程的文字信息用括号进行限定与注解，使表达更加精准。

（十）课程群图（案例 10）

1. 案例描述

重庆市第八十四中学，是一所农村寄宿制单办初级中学。学校现有在职教职工 33 人，学生 331 人，教学班 9 个，住校生 225 人，占 68% 左右，南岸区外学生占 66.5%，多数为农村进城务工人员子女。学校以"让每个学生都有出彩的机会"为教育理念，以"人格如兰，智慧如溪；用心养兰，精彩人生"为校训，以培养"阳光、自信、智慧、精彩的芝兰少年"为培养目标。

如图 5-11 所示，重庆市第八十四中学的"兰品教育"课程群的基本思考，是以学生为中心，最大程度上提供自主选择。以学生为中心，从国家课程标准规定的教学目标、教学内容入手，梳理学生必须掌握的知识点与技能训练点，在明确课程标准目标的基础上，结合学生特点、学校资源以及学生认知要求等方面的因素，在保障基础型课程的标准课时的基础上，适当整合、重组部分教学内容开发拓展型课程和特长型课程。基础型课程保证落实国家规定的初中学生必须储备的知识能力要求；将拓展型课程和特长型课程中的课程与基础型课程中的教学内容进行整合，开发校本课程，增强德育课程的实效性，提升学生

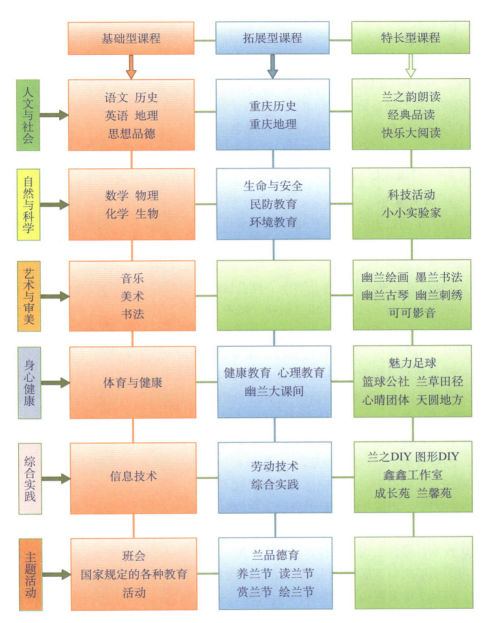

	基础型课程	拓展型课程	特长型课程
人文与社会	语文　历史 英语　地理 思想品德	重庆历史 重庆地理	兰之韵朗读 经典品读 快乐大阅读
自然与科学	数学　物理 化学　生物	生命与安全 民防教育 环境教育	科技活动 小小实验家
艺术与审美	音乐 美术 书法		幽兰绘画　墨兰书法 幽兰古琴　幽兰刺绣 可可影音
身心健康	体育与健康	健康教育　心理教育 幽兰大课间	魅力足球 篮球公社　兰草田径 心晴团体　天圆地方
综合实践	信息技术	劳动技术 综合实践	兰之DIY　图形DIY 鑫鑫工作室 成长苑　兰馨苑
主题活动	班会 国家规定的各种教育 活动	兰品德育 养兰节　读兰节 赏兰节　绘兰节	

图 5 - 11　重庆市第八十四中学课程规划课程群图

的国际视野与文化感受力，以促进学生道德素养与人文修养的提高；特长型课程遵循学生兴趣爱好和特长开设，以社团活动课程的形式进行开展。通过以上课程，从不同层面、不同维度提供最大程度的选择，满足学生各方面的不同需求。

2. 案例评析

重庆市第八十四中学课程规划课程群图，以基础型、拓展型、特长型课程三级为横坐标，以人文与社会五大领域加主题活动为纵坐标来分组，形成 13 个课程组块。通过绘制课程群图，我们可以一眼看出学校课程发展的缺块，如艺术与审美的拓展型课程等，这些缺块也就是未来努力的方向。另外，在可视化方面，文字与背景的搭配还可以进一步优化。

(十一)课程群图(案例 11)

1. 案例描述

重庆市辅仁中学(原重庆市十七中学)，前身是创办于 1862 年的辅仁书院学校。占地面积 105.35 亩，建筑总面积 45,401 平方米。现有教学班 63 个，学生 2,900 余人，在职教职工 213 人。学校秉承"进德修业，至诚辅仁"的校训，践行"辅人成才，办适合学生个性发展的教育"的办学理念，弘扬"辅仁向前，把不可能变为可能"的辅仁精神，坚定不移地走"质量立校，特色兴校"之路。学校率先在全市实施"分层分类"走班教学改革，大力推进特色发展，助推辅仁学子多彩人生。足球特色项目已成为学校乃至重庆市的名片，多次获重庆市校园足球赛及国家级赛事冠军，先后有 20 余名学生入选国少队、国青队，现役队员 11 人。学校先后获得"全国绿色学校""全国德育实验先进学校""全国环境教育示范学校""国家体育实验研究学校"等荣誉。

在国家课程纲要和学校"三有三会"培养目标的引领下，学校通过"双培扬长、分层分类"走班教学改革，"双培扬长、分层分类"走班课程设置是为了更好地落实国家课程、地方课标准，让其校本化、个性化，满足学生多方面、多层次的需要，形成学校自己的特色。在课程类别的划分上，以国家课程的划分标准为依据，分为语言与文字、人文与社会、科学、数学、艺术、体育与健康、技术、综合实践、德育、创新十大类。在课程层次的划分上，按照学生的学习需求层次与发展层次分为三个层级的课程(图 5-12)。其中，基础型课程：满足学生发展和适应未来社会所需的基础课程，以分层走班的形式来实施。包括文化基础学科Ⅰ层，学生达到国家文化基础学科课程学习中等水平以上；文化基础学科Ⅱ层，学生达到国家文化基础学科课程学习良好水平以上；文化基础学科Ⅲ层，学生达到国家文化基础学科课程学习优秀水平以上。选择型课程：满足学生个性化需求的课程，重在选择性和适合性。发展型课程：满足学生在某一领域终身发展所需的课程，重在纵深性和发展性。

课程涉及领域	基础型课程			选择型课程				发展型课程	
语言与文字	语文			大阅读、朗诵表演、中国诗词吟诵				戏剧表演、课本剧演绎	
	英语Ⅰ层	英语Ⅱ层	英语Ⅲ层	英语歌曲、英美文化概况、经典话剧				模拟联合国	
人文与社会	政治Ⅰ层	政治Ⅱ层	政治Ⅲ层	投资理财、股票				形势政策	
	历史Ⅰ层	历史Ⅱ层	历史Ⅲ层	中国传统文化入门、校史研究				法制史	
	地理Ⅰ层	地理Ⅱ层	地理Ⅲ层	地理模拟实验、山地文化				区域经济发展	
科学	物理Ⅰ层	物理Ⅱ层	物理Ⅲ层	无线电小制作				机械制造、物理竞赛	
	化学Ⅰ层	化学Ⅱ层	化学Ⅲ层	化学与生活、化学魔术				可视化化学、化学竞赛	
	生物Ⅰ层	生物Ⅱ层	生物Ⅲ层	食品工艺				生物技术、生物竞赛	
数学	数学Ⅰ层	数学Ⅱ层	数学Ⅲ层	与高考相关的数学文化、趣味数学				数学思维、逻辑数学	
艺术	音乐	美术		电子琴	合唱	竖笛	现代舞	电子琴	中阮
				书法	美术鉴赏	面塑技艺	手绘线	版面	国画
体育与健康	体育	健康		篮球	排球	足球	羽毛球	啦啦操	国径
				象棋	乒乓	排球	散打	足球2	武术
技术	通用技术	信息技术		剪窗花、网页的制作					
综合实践	军训	环保	安全教育					心理服务	
	社区共建	研究学习	实践						
德育	人校	爱国	家校					生涯规划	
	感恩	离校	国防教育						
创新	科技竞赛	科幻绘画 3D打印	科技模型	机器人	小制作	科技创新	信息应用	小论文	创意设计
	科技征文							小发明	未来建筑师

图 5－12　重庆市辅仁中学课程规划课程群图

2. 案例评析

重庆市辅仁中学课程规划课程群图，以横向三层级、纵向十领域分为28个课程组（其中综合实践与德育的选择型课程是未来完善方向），体现了学校课程的逻辑性与丰富性。同时该校还在全市率先实施分层走班，将课程层级进行细分，尊重不同学生的基础，满足不同学生的发展需求。不过，在信息可视化方面，色相的使用需要进一步优化，既让色相的感情色彩与课程性质相符，又使用色相表达课程模块逻辑。

(十二)课程群图(案例12)

1. 案例描述

重庆市特殊教育中心是重庆市规模最大的一所特殊教育学校，坐落于市为风景秀丽的南山景区，占地面积50亩，教师65人。学校由原重庆市盲人学校搬迁升级建成，是全市唯一一所视障教育学校，承担了全市视障儿童、少年的九年义务教育、高中教育、职业培训和康复训练的任务。为适应现代学校发展，推动视障教育优质发展，促进视力残疾学生全面发展、个性发展，落实发展视障学生核心素养的任务，学校以"挺起胸膛朝前走"为校训，坚持"为每一个孩子的幸福人生奠基"的教学理念，在认真执行《盲校义务教育课程标准(2016年版)》的同时，大力加强"一补多发"课程建设，构建能提升学生学习品质，促进学校课程改革。

如图5-13所示，重庆市特殊教育中心课程群分为三大板块，"一补多发"人文课程、"一补多发"科学与数理课程和"一补多发"艺体课程。

"一补多发"人文课程，这一课程领域主要培养学生的人文素养，人文积淀和审美情趣，补偿视力缺陷，发展多项潜能。盲校人文课程领域的核心课程有五门：盲校语文、盲校英语、盲校思想品德、盲校历史、盲校地理。基于五门核心课程，依照小学、初中、高中不同年段又开发出补偿与发展课程。

"一补多发"科学与数理课程，这一课程领域主要培养学生的科学精神，勤于反思，信息意识和技术运用等能力，补偿视力缺陷，发展多项潜能。盲校科学与数理课程领域的核心课程有六门：盲校数学、盲校科学、盲校物理、盲校化学、盲校生物、盲校信息技术。

"一补多发"艺体课程，这一课程领域主要培养学生的审美情趣、人文情怀、健全人格、珍爱生命，劳动意识等能力，补偿视力缺陷，发展多项潜能。盲校艺体课程领域的核心课程有三门：盲校音乐、盲校美工、盲校体育与健康。

2. 案例评析

重庆市特殊教育中心在课程规划时，以金字塔式的逻辑树方式呈现学校课程群，具有逻辑清晰、结构鲜明的特点。同时，将学校培养目标置于中心，时刻提醒课程设置的目标指向。不过这种图表绘制方式也有一个劣势，就是难以发现或清晰呈现课程群组之间的关系。

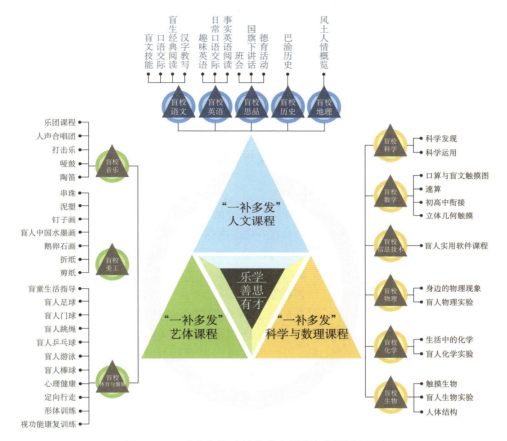

图 5 - 13 重庆市特殊教育中心课程规划课程群图

第六章　学校课程规划路径Ⅰ：课程设置表

一、课程设置表概述：学段课程经历的全景地图

(一)课程设置的主要原则

课程设置是依据学校培养目标，对选定的各类课程的设立和安排。其内容包括规定课程类型和课程门类的设立，按学期安排课程的开设顺序，分配课程学时，规定各课程的学习目标、学习内容和学习要求等。课程设置是学校课程规划落地的关键，也是课程规划的核心内容。

在进行课程设置时，应当遵循以下原则：一是课程设置目标指向培养目标。课程设置是为培养目标服务的，具体来说就是要注重全面性与实用性[①]，即课程设置与社会生活紧密联系，来源现实生活回归美好生活，指向学生核心素养养成与全面发展。二是课程设置内容突出发展性与时代性。课程设置内容要突出基础发展性，发挥正向积极作用，追求后劲为终身发展打好基础；要突出时代创新性，既体现人类知识精华，又反映科学最新图景，引导创造未来美好生活。三是课程设置结构注重合理平衡。提升课程的选择性，在保障教育质量的前提下提供更多的选择，让地方课程、校本课程成为国家课程的有机补充；综合与分化相结合，课程的综合和分化是对立统一的，分化也是一种趋势[②]。四是课程设置类型提倡多元灵活。核心课程得到重视，模块化课程、跨学科课程、潜在课程也应积极探索，课程的长短也可以根据需要灵活调整。

另外，在进行课程设置时，还需要特别注意课程设置的"斯蒂格勒原则"。诺贝尔经济学奖获得者——美国经济学家乔治·斯蒂格勒(George Joseph Stigler，1911—1991年)，用经济学家的眼睛去透视教育，对课程设置提出了两条原则，值得我们去关注思考。斯蒂格勒指出课程设置的第一条原则：知识的特殊价值原则。如果要让某一学科处于特殊的位置，要求大部分人至少学习该学科少量的基础知识，那么这种知识必须至少具有以下性质：每一个人都必须拥有

---

① 李明高．中学课程设置原则初探[J]．课程·教材·教法，1992(02)：19 - 21.

② 梁威．发达国家中小学课程设置及改革趋势[J]．中小学管理，1996(01)：8 - 10.

这方面的知识，且作为一类经常需要的知识，不容易从专家那里轻易地购买。第二条原则：合理成本原则。学生们学习一门课程所付出的应该是"合理成本"。仅仅因为某种知识的有益性或重要性，就要求在中小学开设相应的课程或设置相关的教学活动，这样的观点虽然是出于良好的愿望，但是却忽略了最基本的教育规律，受教育者的有限性[①]，受教育者的时间、精力和资源是有限的。

(二)课程设置表绘制

将一定的内容按特定的行、列规则进行排列，就构成了表格。绘制课程设置表就是把学校拟规划设置的课程按特定的行、列规则进行排列，难点与重点就在于设定行、列规则，从而确定逻辑一致性和体现学校教育思想。课程设置表一般由标题、正表、附注三部分组成。正表包括课程类别、课程名称、上课总时数、每门课在哪个学期上、上几学时等。附注写表格中需要说明的地方。如果内容较多可分条写。为使表格具有更好的可视性，课程设置表可以通过线条、色彩及图形来进行丰富，提升视觉理解。

二、课程设置表案例剖析

(一)课程设置表(案例1)

1. 案例描述

表6-1　重庆市南岸区珊瑚幼儿园课程规划课程设置表

性质	课程名称	课程活动			各年龄组每周课时量		
		活动类别	活动名称	活动内容	小班	中班	大班
基础型课程	生动课程	生活活动(一日生活环节)	入园、晨检、晨间活动、如厕、盥洗、饮水、餐点、午睡起床、离园		460	450	445
		学习活动(整合主题活动)	预设活动	健康、语言、科学、社会、艺术	80	80	80
			生成活动				
		游戏活动	区域活动(包含创造性游戏)	建构区、角色区、表演区、阅读区、美工区、益智区、生活区	128	128	128
			规则性游戏	体育游戏	80	80	80
				音乐游戏、智力游戏、娱乐游戏	48	48	48

---

① 钱林晓.中小学课程设置的"斯蒂格勒原则"[J].上海教育科研，2008(04)：36-37.

续表

性质	课程名称	课程活动			各年龄组每周课时量		
		活动类别	活动名称	活动内容	小班	中班	大班
拓展型课程	健动课程	约动亲子活动	家长开放日、节日活动、典礼活动		12	12	12
			社区活动、野趣活动		0	8	8
		跃动健康活动	生命与安全	营养健康、疾病预防、自我保护	8	8	8
				安全演练	2	2	2
			情绪与自控	情绪日记	0	16	32
				常规养成	6	12	18
				沙盘游戏	3	3	3
			动作与体能	创意早操	10	10	10
				健动30分、喜羊羊日、小兵集训、民间游戏	0	64	64
				多彩手工、玩转乐高、开心劳动	16	16	16
		悦动绘本活动	绘本阅读	生活绘本、趣味绘本、感官绘本	16	0	0
				养成绘本、情绪绘本、益智绘本	0	16	0
				生命绘本、品格绘本、科普绘本	0	0	16
			绘本延伸	绘本表演、绘本手工、绘本游戏	机动	机动	机动
				亲子阅读	48	64	80

重庆市南岸区珊瑚幼儿园于1990年创园，占地面积3,127平方米，建筑面积1,844平方米。初期仅5名幼儿，8名教职工，27年来一直致力于"为孩子成长打好基础"为基础，从重庆市一所郊区幼儿园逐渐发展到南岸区最具影响力的中心幼儿园之一，成为重庆市一级示范幼儿园。现设7个班，254名儿童，27名在编教职工，6名市区级骨干教师。幼儿园秉承"健动体脑，悦乐晨光"的办学理念，以孩子身心健康为基本出发点，营建富有童趣的海洋世界和具有珊瑚特色的运动环境，致力于培养健康乐观、自主自信、敏学善思、悦爱树美，具有幸福能力的健康儿童。

"乐动课程"包括生动课程与健动课程两个部分（表6-1）。生动课程（基础型课程）：基础型课程依据《幼儿园教育指导纲要（试行）》设置，包括生活活动、学习活动和游戏活动。其中，生活活动包括一日生活环节；学习活动涉及健康、语言、科学、社会、艺术五大领域；游戏活动包括区域活动和规则性游戏。健动课程（拓展型课程）：拓展型课程是根据幼儿园的办园理念与特色、幼儿的发展、家长的需求以及社会发展而设置的课程，包括"约动亲子活动""跃动健康活动""悦动绘本活动"三方面的课程。其中"约动亲子活动"有家长开放日活动、节日活动、典礼活动、社区活动、野趣活动；"跃动健康活动"包括生命与安全、情绪与自控、动作与体能；"悦动绘本活动"包括绘本阅读和绘本延伸。拓展型课程由教师集中组织、家园合作、幼儿自主选择等多种方式实施。关注幼儿核心素养的培养，充分尊重幼儿的学习兴趣、重视活动的趣味性以及有效性和实效性，为孩子的终身发展打好良好的基础。课时总量核算说明：以学年为单位，学科周课时数×36周（每学期按18周教学时间计算）。

2. 案例评析

重庆市南岸区珊瑚幼儿园课程规划课程设置表，纵坐标内容极其丰富，包括课程性质、课程名称及课程活动的具体类别与内容等，详细说明了课程设置的基本逻辑关系。其横坐标则为小班、中班与大班的课时量，体现了表格的数据记录、统计与分析功能。

（二）课程设置表（案例2）

1. 案例描述

表6-2　重庆市南岸区川益小学课程规划课程设置表

学科及项目	学期总课时数 年级	一	二	三	四	五	六
社会与人文类	道德与法治	60					
	品德与生活		60				
	品德与社会			40	40	40	40
	安全	10	10	10	10	10	10
	环保	5课时/期	5课时/期	5课时/期	5课时/期	5课时/期	5课时/期
	班队活动	5课时/期	5课时/期	5课时/期	5课时/期	5课时/期	5课时/期
	重庆美食趣味堂					20	20
语言与文学类	语文	100	100	100	100	100	100
	书法	20	20				
	书法辅助活动	20	20	20	20	20	20
	英语			60	60	60	60
	国学			20	20		
	悦读	午间20分钟/天	午间20分钟/天	午间20分钟/天	午间20分钟/天	午间20分钟/天	午间20分钟/天

续表

学科及项目		一	二	三	四	五	六
语言与文学类	漫童话趣味堂	20	20	20	20		
	故事汇趣味堂	20	20	20	20		
	魔法气球趣味堂					20	
	成语加油站趣味堂						20
	课本剧社团			20			
	金话筒社团			20			
数学与思维类	数学	80	80	80	80	100	100
	数学文化趣味堂	20	20	20	20	20	20
	数独游戏社团				20		
体育与健康类	体育	50	50	50	50	50	50
	足球普及	20	20	20	15/期	15/期	15/期
	运动与生活				5/期	5/期	5/期
	健康	10	10	10	10	10	10
	运动会	2天/期	2天/期	2天/期	2天/期	2天/期	2天/期
	大课堂	40分钟/天	40分钟/天	40分钟/天	40分钟/天	40分钟/天	40分钟/天
	乒乓球趣味堂	20	20	20			
	8字长绳趣味堂				20		20
	田径社团			20			
	踢跳社团			20			
	围棋社团	20＋20	20	20	20	20	20
	羽毛球社团		20			20	
	足球社团	40＋40	40	40	40		
	篮球社团				40＋40		
科学与科技类	科学			40	40	40	40
	科技辅助活动	20	20	20	20	20	20
	橡皮筋动力飞机趣味堂	20	20				
	小制作			20	20		
	小发明					20	20

续表

学科及项目	总课时数 \ 年级学期	一	二	三	四	五	六
科学与科技类	航模社团	20＋20	20				
	小实验家社团					20	
	魔方社团			20			
	飞叠杯社团	20	20	20	20	20	
艺术与审美类	美术	20	20	20	20	20	20
	美术辅助活动	20	20	20	20	20	20
	音乐	20	20	20	20	20	20
	葫芦丝基础	20	20	20	20	20	20
	艺术节	1天/期	1天/期	1天/期	1天/期	1天/期	1天/期
	泥塑趣味堂	20	20	20			
	剪纸趣味堂				20	20	20
	合唱社团			20			
	芭蕾舞社团			20			
	爵士舞社团	20	20		20		
	拉丁舞社团			20			
	儿童画社团		20				
	动漫绘画社团				20		
综合实践类	综合实践活动（含铜元局记忆）			20	20	20	20
	信息技术	20	20	20	20	20	20
	手工辅助活动	20	20				
	启梦之旅（新生入学课程）	入学时一周					
	美食节	1个中午/期	1个中午/期	1个中午/期	1个中午/期	1个中午/期	1个中午/期
	分餐体验活动	20分钟/中午	20分钟/中午	20分钟/中午	20分钟/中午	20分钟/中午	20分钟/中午
	梦想节	半天/期	半天/期	半天/期	半天/期	半天/期	半天/期
	种植蔬菜趣味堂	20	20	20			
	养小动物趣味堂				20	20	20

重庆市南岸区川益小学课程规划课程设置表中（表6-2）：第一种为"立生"课程，为全体学生必须经历的课程；第二种为"延伸"课程，为各学科内容的拓展，年级组内走班选学的课程，一、二年级用每周一、四的下午第2节实施，三至六年级用每周一、四下午的第3节课实施；第三种为"创升"课程，全校学生以自选社团形式开展，一、二年级用每周二、三下午第2节及每天放学后的1小时实施，三至六年级用每周二、三下午第3节及每天放学后的1小时实施。每学期以20周来计算总课时，其中数字为学期总课时数。"20+20"表示两个社团同时上课20课时，"40+40"表示两个社团同时上课40课时。

2. 案例评析

重庆市南岸区川益小学课程规划课程设置表，以七类课程领域为纵坐标，以小学六个年级为横坐标，将学校全部课程进行安置。整个表格信息丰富，既体现信息可视化，又实现表格的基本排序分类统计功能。

（三）课程设置表（案例3）

1. 案例描述

表6-3 重庆市南岸区大佛段小学课程规划课程设置表

课程类型	课程名称	开设方式	开设年级	课时
基础课程	语文	必修	一至六年级	90
	英语	必修	三至六年级	54
	数学	必修	一至六年级	90
	道德与法治	必修	一年级	45
	品德与生活	必修	二年级	45
	品德与社会	必修	三至六年级	27
	科学	必修	三至六年级	36
	信息技术	必修	一至六年级	27
	艺术	必修	一至六年级	36
	书法	必修	一至四年级	18
	体育与健康	必修	一至六年级	54
	综合实践	必修	三至六年级	36

续表

课程类型	课程名称	开设方式	开设年级	课时
拓展课程	金话筒/巧手怡贝	选修	一年级	18
	稚芽童声/绳彩飞扬	选修	二年级	18
	诗韵流长/梦想之声	选修	三年级	18
	纸艺创客/健舞飞扬	选修	四年级	18
	语海拾贝/棋逢对手	选修	五年级	18
	诵读沙龙/智慧数学	选修	六年级	18
	智力运动	选修	六年级	9
	传统文化体验	选修	一至六年级	1
	社会实践	选修	一至六年级	1
	环境教育	必修	一至六年级	9
	公共安全与生命教育	必修	一至六年级	9
	辅助课程	必修	一至二年级	54
			三至六年级	18
特色课程	英语乐园	选修	一至六年级	90
	小小数学家	选修	一至六年级	54
	凌云航模	选修	一至六年级	90
	机器人	选修	一至六年级	45
	悦动巴乌	选修	一至六年级	45
	足球	选修	一至六年级	27
	舞蹈	选修	三至六年级	36
	合唱	选修	三至六年级	27
备注："环境教育"每2周在信息技术课中安排一节，"安全与法治"每周在品德课中安排0.5节，其余拓展课程和特色课程均属选修课，每周安排0.5节，每节均为45分钟。				

　　重庆市南岸区大佛段小学位于重庆市老城区弹子石地区，地处规划中的重庆CBD南区核心地带，是一所有近百年办学历史的老校。在九十余载的发展历程中，数更校址，几易校名，历经艰辛磨难。学校占地近8亩，现有教学班19个，学生900余名，教职工近50名。学校于2019年搬迁新校区，占地30余亩。根据周边环境和自身发展需要，学校提炼出了"求志崇真，进而不已"的办学理念，确定了"明德博学，健身怡心"的培养目标，以"培养习惯，张扬个

性"为课程理念,把"构建精气神俱佳、书香味浓厚的现代人文校园,为学生的阳光人生奠基"作为学校办学目标,为学生的终身发展打下坚实的基础。

在课程设置上,学校遵循国家基础课程为主,拓展课程和特色课程为辅的原则,均衡设置(表6-3)。基础课程和部分拓展课程为必修,其余课程为选修,突出课程的综合性,增强学生课程的选择性。同时,根据年段不同,设置不同课程,培养学生核心素养,实现育人目标。

2. 案例评析

重庆市南岸区大佛段小学课程规划课程设置表,采用的是一个课程类别一张表,突出了课程层级与类别,明确了课程的归属与层级。有所得也可能会有所失,在需要对全局进行统计与了解时,分表形式又体现了劣势。因此,要根据不同的需要采取适合学校的呈现方式。

(四)课程设置表(案例4)

1. 案例描述

表6-4 重庆市南岸区大兴场小学课程规划课程设置表

课程＼内容		一	二	三	四	五	六
课程类别	国家课程	语言与文学	语文(含书法)		语文、英语		
		数学与思维	数学				
		思想品德	道德与法治		道德与法治		
		实践与探究	科学				
		体育与健康	体育、健康教育				
		艺术与审美	音乐、美术				
		综合实践	信息技术、综合实践活动				
	地方课程	课程辅助活动	体育、艺术、科技、手工和书法		体育、艺术、科技、书法		
		其他地方课程	班队活动、安全教育、环境教育、法治教育				
	校本课程	公民与礼仪	看、听、评新闻,班级公益活动,公民礼仪				
		人文与科学	游戏数学、阅读		游戏数学、阅读、图片处理、自然探秘		
		运动与健康	心理健康、阳光体育、体育社团、羽毛球课、春秋主题游				
		人文艺术	影视赏析、艺术社团		影视赏析、艺术社团、根石课		
		实践与探究	科技活动、劳动技术、开心农场活动、开心果园活动				

重庆市南岸区大兴场小学位于峡口镇，是一所典型的农村小学。学校占地面积 20,800 平方米，建筑面积 7,500 多平方米，现有教学班 16 个，学生近 700 人。学校坚持以"根文化"为文化特色，提炼出"教育即生长"的核心理念，以"大地根深、花开长兴"为办学理念，抓住区域课程改革整体推进这一有利契机，凭借地域优势和传统特色，以羽毛球、根石、社团课程为载体，以学生发展，教师发展为龙头，走务实创新，坚持特色的学校发展之路。

"根深教育"根生课程的课程群分为五个领域：公民与礼仪、人文与科学、运动与健康、人文艺术、实践与探究。每个领域里都统整三类课程：国家课程、地方课程、校本课程（表 6-4）。一、二年级校本课程每周 6 节，其中 1 节体育辅助活动安排为校本课程（羽毛球），1 节地方课程安排为校本课程（游戏数学），另外 1 节科技辅助活动和 1 节手工辅助活动安排为校本课程，与阅读课、社团活动统一安排在星期五下午，以"幸福活动日"的方式进行。三、四年级校本课程每周 7 节，其中 1 节体育辅助活动安排为校本课程（羽毛球），1 节美术课安排为校本课程（卵石画），1 节校本课程安排为校本课程（趣味数学）。另外 1 节科技辅助活动和 1 节综合实践活动安排为校本课程，与阅读课、社团活动统一安排在星期五下午，以幸福活动日的方式进行。五、六年级每周校本课程 6 节，其中 1 节体育辅助活动安排为校本课程（羽毛球），1 节美术课安排为校本课程（卵石画）。另外 1 节科技辅助活动和 1 节综合实践活动安排为校本课程，与阅读课、社团活动统一安排在星期五下午，以幸福活动日的方式进行。校本课程部分内容采用"幸福活动日"的形式进行设计和实施。每周五下午（4 课时）分三个时段进行，悦读时间（12：40—13：20）；主题教育时间（14：00—14：40）；社团活动时间（15：00—16：30），每学期 15 次～16 次，全员参与，供学生选择。社区服务每学期两天，社会实践每学年两周。

2. 案例评析

重庆市南岸区大兴场小学课程规划的课程设置表，纵坐标采用了三级层级维度进行划分，体现了表格的逻辑结构。但也有可能带来新的问题，二、三级维度之间，即国家、地方和校本三级课程与课程领域的维度有可能不是直接从属关系，更多的是一种交叉关系。

（五）课程设置表（案例 5）

1. 案例描述

重庆市南岸区观塘初级中学建于 2017 年，占地面积达 42 亩，学生 68 人，教师 12 人。在建校之初，学校教职员工群策群力，着力构建学校教育哲学。建构"拥半亩塘，观天地梦"的核心价值追求。"拥半亩塘"就是要立足当下，立足现实，接受并珍惜当下所拥有的一切；"观天地梦"则是要胸怀理想，放眼世界，探索广阔的天地，思维之光射向广阔的天地，灵魂触角伸到广阔的天地。诠释"尊重生命，精彩生长"的"双生教育"理念。其内涵有二：一是"尊重生命"，二是"精彩生长"。"尊重生命"包括尊重学生的生命个体和尊重教师的生命个体两个层面。有两个维度，指对自我生命的尊重，意即接受自我现状，自觉体认到自我生命的独特和与众不同，也能够清楚地知晓自我生命的局限和限度，自觉确立人生信念，自觉化解人生的困惑和困境；对他人生命的尊重，具有对他人生命的敏感、尊重和敬畏，敢于主动承担对他人生命的责任。"精彩生长"包括教师和学生的精神生长。

表6-5　重庆市南岸区观塘初级中学课程规划课程设置表

基础课程	课程设置	开设方式	开课年级	拓展课程	课程设置	开设方式	开课年级
语文	语文	必修	七、八、九年级	语文	经典诵读	必修	七、八、九年级
	写字	必修	七年级				
英语	英语	必修	七、八、九年级	英语	英语话剧	必修	七、八、九年级
思品	思品	必修	七、八、九年级	思品	待开设		
历史	历史	必修	七、八、九年级	历史	待开设		
	重庆历史	必修	九年级				
数学	数学	必修	七、八、九年级	数学	数独游戏	必修	七、八、九年级
物理	物理	必修	八、九年级	物理	物理与科技	必修	八、九年级
化学	化学	必修	九年级	化学	化学与生活	必修	九年级
生物	生物	必修	七、八年级	生物	小实验家	选修	七年级
地理	地理	必修	七、八年级	地理	兴趣星空	选修	七年级
音乐	音乐	必修	七、八、九年级	音乐	小合唱团	必修	七、八年级
美术	美术	必修	七、八、九年级	美术	待开设		
书法	硬笔书法	必修	七年级	书法	待开设		
	软笔书法						
体育	体育与健康	必修	七、八、九年级	体育	阳光体育	必修	七、八、九年级
					网球课堂		
信息技术	信息技术	必修	七、八年级	信息技术	机器人	选修	七年级
综合实践	综合实践	必修	七、八、九年级	综合实践	寻找二十四节气	选修	七年级
班会	安全与法制	必修	七、八、九年级	班会	环境教育	必修	七、八、九年级

续表

基础课程	课程设置	开设方式	开课年级	拓展课程	课程设置	开设方式	开课年级
特色课程	双生讲堂	必修	七、八、九年级	特色课程	双生选修课（数独、小实验家、兴趣星空、机器人、小合唱团、寻找二十四节气）	七年级按照走班每周四下午第四节课选修（必选一门）	七年级
	亲子教育						
	国防教育进社区						

构建基于核心素养的"双生"培养目标和"双生"课程体系，"双生"课程有两条主线，一是"尊重生命"，二是"精彩生长"。两条主线，分别统整国家、地方和校本课程，形成基础性课程、拓展性课程与特色课程。两条主线既独立，又交错合力形成"双生"课程。依据学校课程结构进行系统设计，从而形成了学校课程设置表（表6-5），整体对学校的课程情况进行架构。

2. 案例评析

重庆市南岸区观塘初级中学课程规划课程设置表，基础课程与拓展课程学科是一一对应的，体现了学校对课程发展层次性的清晰把握，对学生不同发展需求的关注，此处适合以行为单位标注颜色，体现统一与层级。同时特色课程单列，作为重要补充，宜用暖色调颜色标示。

（六）课程设置表（案例6）

1. 案例描述

表6-6　重庆市南坪中学课程规划课程设置表（初中课程设置表）

类别	类型	七年级	八年级	九年级
美德品行课程	基础型课程	所有课程		
	拓展型课程	班会课程、安全教育、文明礼仪、环境教育		
			志愿者活动（校内、校外）	
		家长课程		
		社区课程（社区服务）		
			国学课程（传统文化、书法）	
	个性课程	项目与课题		

续表

类别	类型	七年级	八年级	九年级
身心健康课程	基础型课程	体育与健康		
		心理健康		
	拓展型课程	啦啦操		
		乒乓球		跳绳
		武术		立定跳远
		篮球		实心球
		体育社团		
		心理健康与心理辅导		
	个性课程	项目与课题		
人文品位课程	基础型课程	语文		
		英语		
		思想品德		
		历史		
		地理		
	拓展型课程	阅读		
		学科实践（科学探索、人文考察）		
			演讲与口才（经典诵读）	
		英语视听说口语		
	个性课程	项目与课题		
科学智慧课程	基础型课程	数学		
			物理	
				化学
		生物		
		信息技术		
	拓展型课程	学科竞赛		
		科技创新与科技体验		
	个性课程	项目与课题		
艺术雅趣课程	基础型课程	音乐		
		美术		
	拓展型课程	歌唱		
		民乐		
		剪纸	版画	
		艺术社团		
	个性课程	项目与课题		

表 6-7　重庆市南坪中学课程规划课程设置表(高中课程设置表)

类别	类型	高一年级	高二年级	高三年级
美德品行课程	基础型课程	所有课程		
	拓展型课程	班会课程、安全教育、文明礼仪、环境教育		
		志愿者活动(校内、校外)		
		生涯规划、职业规划		
		家长课程		
		社区课程(社区服务)		
		国学课程(传统文化、书法)		
	个性课程	项目与课题		
身心健康课程	基础型课程	体育与健康		
	拓展型课程	啦啦操		
		乒乓球		
		足球		
		篮球		
		体育社团		
		心理健康与心理辅导		
	个性课程	项目与课题		
人文品位课程	基础型课程	语文		
		英语		
		思想政治		
		历史		
		地理		
	拓展型课程	阅读		
		学科实践(科学探索、人文考察)		
		演讲与口才		
		英语视听说口语		
	个性课程	项目与课题		
		大学先修课程		

续表

类别	类型	高一年级	高二年级	高三年级
科学智慧课程	基础型课程	数学		
		物理		
		化学		
		生物		
		通用技术		
		信息技术		
	拓展型课程	学科竞赛		
		科技创新与科技体验		
	个性课程	项目与课题		
		大学先修课程		
艺术雅趣课程	基础型课程	音乐		
		美术		
	拓展型课程	歌唱		
		民乐		
		白描	版画	
		艺术社团		
	个性课程	项目与课题		

重庆市南坪中学始建于1956年，学校占地118亩，在职在编教师248人，教学班级73个，在校学生近4,000名。学校秉承"培养幸福的人"的办学理念，将"幸福教育"定位成学校的核心教育思想。学校理解的幸福教育就是基于课堂、立足校本，在教育的所有活动和细节中以培养师生幸福观、享受幸福、传递幸福的情感为目的的教育。通过这种教育，培养能够创造幸福、拥有幸福的人。即以理想主义的态度拥抱当今中国教育，以海纳百川的胸怀兼容各种优秀的教育理念、鼓励学校和教师发扬个性、立足校本，打造卓越课堂和优质教育，着力构建学校教育的美好未来，从而成就幸福的学校、幸福的教师和幸福的学生，并最终实现幸福的教育和幸福的人生。

重庆市南坪中学幸福素养课程体系是基于学生能够充分完成国家课程，具备国家课程标准要求的学科基础知识，同时也能够找到自己适合的个性化发展平台，从而符合中学生核心素养的发展要求。总体而言，学校的课程设置就是为学生的幸福人生奠基，详见表6-6和表6-7。

美德品行课程：侧重于培养学生美德素养，突出品格塑造，养成人性至真至善，培养完美德性的人，树立理想人格、信念，培养人格品性优良的人，为每一个学生画上适合自己的个性化幸福底线。通过社会实践，侧重于培养学生的责任担当，着重于学生劳动素养、职业选择、社会责任、国际视野的学习和养成。根据激励、差异、合作、动态、体验、尊重和短距七大原则，引导学生认识自我与发现自我，在实践探索中从学业、素养、社会价值和生活等方面逐渐培养起责任和担当意识。基础型课程包括全部课程。拓展型课程如幸福教育班会课程、青年志愿者活动、教育故事讲堂、爱心团队等。个性课程包括项目研究、大学先修课程等。

身心健康课程：侧重于培养学生的身心素养，着重培养学生健康的体魄，健康的生活习惯和运动习惯和技能，用马斯洛健康心理十大标准，修炼心理品质，做到身心的完美结合，奠定学生的终身发展。基础型课程如体育与健康、心理健康课程。拓展型课程如篮球、足球、羽毛球、乒乓球、游泳、田径、健美操、生命急救、青春期心理讲座、心理健康测试等。个性课程包括项目研究、大学先修课程等。

人文品味课程：侧重于培养学生的人文素养，着重于学生人文知识、人文态度和人文精神的学习和养成。使学生涵养精神，浸润人文精华，养正气质品格，丰富学生内心，实现心灵的转向，建构精神家园，拥有国际情怀。基础型课程如语文、英语、思想政治、历史、人文地理等。拓展型课程如阅读课程、典范英语课程、传统文化研究、女性文学、中国文学、诗词鉴赏、演讲与口才、写作指导、文言文阅读、赏景与读文、自主阅读训练、看美剧学英语、口语训练营、写作训练营、经典美文欣赏、趣味英语欣赏、英语基础知识大荟萃、英文歌曲欣赏与教唱、中国古文明、遇上经济学、生活中的法律、古代中外哲学家趣事、中国古代建筑文化史、大国关系迷局等。个性课程包括项目研究、大学先修课程等。

科学智慧课程：侧重于培养学生的科学态度和科学素养，着重于学生对反映客观规律的知识体系的学习，能较好地掌握立足于分析方法，通过实验、逻辑论证的知识体系。基础型课程如数学、物理、化学、生物、自然地理、通用技术、信息技术等。拓展型课程包括实验系列课程、学科竞赛等。个性课程包括项目研究、大学先修课程等。

艺术雅趣课程：侧重于培养学生的艺术素养，培养学生审美素养及其艺术兴趣爱好，通过掌握艺术的基本技能和特长，内化品质修养。基础型课程如音乐、美术课程。拓展型课程如合唱、民乐、管弦乐、舞蹈、课本剧表演、英语戏剧、书法、版画、国画等。个性课程包括项目研究、大学先修课程等。

2. 案例评析

重庆市南岸中学课程规划课程设置表，分为初中课程设置表与高中课程设置表，每张表又分为五个课程模块与三个课程级别，表格逻辑清晰、信息丰富，体现了课程的关联性与选择性。

第七章　学校课程规划路径Ⅱ：课时安排表

一、课时安排表概述：学校课程生活的具体建构

(一)课时安排的教育价值

课时安排，与每一位师生的每一天生活都息息相关，就像空气一样，虽肉眼不可见，却时时离不开。然而，就是这样一个看似"非常熟悉的领域"却鲜有专题研究。在 20 世纪 90 年代有学者对比研究了欧盟国家基础教育学年课时安排，对欧盟国家义务教育年限、学年教学天数与课时数、周教学天数与课时数和日课时安排进行了研究，此处仅列出周教学天数与课时数供参考(表 7 - 1 和表 7 - 2)。①

表 7 - 1　欧盟国家小学周教学天数与周课时数

国别	周教学天数/天	周课时数/节	每节课时间/分钟
比利时	9 个半天（分布在 5 天）	28	50
丹麦	5	20～28	45
德国	5 或 6	17～28	45
希腊	5	23～32	40～50
西班牙	5	25	由教师掌握
法国	9 个半天（分布在 5 天）	26	由教师掌握
爱尔兰	5	22	由教师掌握
意大利	5 或 6	27～30	由教师掌握
卢森堡	6	30	50～55
荷兰	5	22～25	60
葡萄牙	5 或 6	25	由教师掌握
英国	5	21～23.5	由教师掌握

---

① 高如峰．欧盟国家基础教育学年课时安排的比较研究[J]．外国教育研究，1998(05)：27 - 31．

表7-2 欧盟国家中学周教学天数与周课时数

国别	周天数/天	周课时数/节		每节课时间/分钟
		初中	高中	
比利时	5	28～36	28～36	50
丹麦	5	20～28	30～32	45
德国	5 或 6	26～36	30～36	45
希腊	5	30～32	30～36	45
西班牙	5	25	29～30	50
法国	9 至 10 个半天(分布在 5 天)	25.5～30	29.5～35	55
爱尔兰	5 或 6	45	45	35～40
意大利	5 或 6	30	27～40	60
卢森堡	6	30	30～38	50
荷兰	5	32	28～32	50
葡萄牙	5 或 6	31～34	30～42	50
英国	5	35～40	35～40	35～40

早在 1982 年,有对比实验研究表明,课时安排的变化会显著影响课程的学习效率。因为从人脑工作特点来看,当学生开始某门课程学习时,大脑皮层开始工作,但只有相应部分细胞群处于兴奋和工作状态,其他部分则处于抑制和休息状态。这样,便在大脑皮层形成兴奋区和抑制区、工作区和休息区互相镶嵌的活动形式。随着课程或大脑工作性质的改变,兴奋区与抑制区、工作区与休息区不断轮换,致使新的镶嵌形式不断形成。这不仅使皮层上的各个区域可以轮换休息,而且还由于大脑皮层的兴奋、抑制过程相作用,兴奋与抑制产生相互诱导的结果,可使原先工作的部分加深抑制(也即休息),从而恢复得更快。据于此,在课时安排中,实行不同性质的课程轮换安排,脑力活动与体力活动课程交替安排,可以使大脑皮层较长时间地保持正常工作的能力,预防学生产生脑力和机体的过度疲劳。[①]

(二)课时安排表绘制

课时安排表是课程设置表的细化,其基本要素同课程设置表,包括标题、正表和附注。在具体课时安排时,学校如确有特殊要求,可结合实际适当调整课时,但要有"度"的限制,同时必须要有相关的内容、要求与管理措施的跟进。另外,学校在课堂教学时间和课间休息时间上可以适当灵活处理,如可采

---

① 李贤达. 试论教学方法和课时安排改革对学生生理负担的影响[J]. 上海师范大学学报(哲学社会科学版),1982(03):137-142.

用"长短"课安排的方式。① 学校开发校本课程的种类应该多元多样，在数量上满足不同学生的学习发展需求。但在课时安排上，国家课程设置方案中要求中小学校本课程课时每周 2 节～3 节。要在有限的课时内最大限度地开发实施数量种类足够的校本课程，就要适当控制每门校本课程的教学内容容量，在总量一定的前提下，求得课程数量最大化。因此，中小学校本课程的实施可以遵循"小课程，多门类"的开发原则。一般来说，一门校本课程的课时安排为几周或者几个月为宜。② 课时安排表作为学校课程规划落地的基本单位，介于完全的可视化与纯文字表达之间，在易读易查的基础上，还具有信息量大的特点。同时，与课程设置表一起，两个表格还具有分类与统计、排序与筛选的功能。

二、课时安排表案例剖析

（一）课时安排表（案例 1）

1. 案例描述

表 7-3　重庆市南岸区青龙路小学课程规划课时安排表

层次	课程	年级						备注
		一	二	三	四	五	六	
基础课程	语文	5	5	5	5	5	5	一二年级周课时总量各 23 节，三四年级周课时总量各 26 节，五六年级周课时总量各 27 节。
	数学	4	4	4	4	5	5	
	英语	2	2	3	3	3	3	
	道德与法治	2	2	0	0	0	0	
	品德与社会	0	0	1	1	1	1	
	班会/队会	1	1	1	1	1	1	
	科学	1	1	2	2	2	2	
	科技/手工	1	1	0	0	0	0	
	体育	4	4	4	4	4	4	
	信息技术	0	0	1	1	1	1	
	综合实践	0	0	1	1	1	1	
	音乐	1	1	1	1	1	1	
	美术	1	1	1	1	1	1	
	书法	1	1	1	1	1	1	

① 王月芬，徐淀芳. 学校课程计划与课程领导力的实现——基于上海的实践探索[J]. 教育发展研究，2009，29(02)：46-51.
② 曹荣. 关于校本课程实施的思考[J]. 教育理论与实践，2012，32(35)：42-44.

续表

层次	课程	年级						备注
		一	二	三	四	五	六	
拓展课程	健康、安全、法制、传统教育、主题班队会	1	1	1	1	1	1	所有年级总课时为每周2节，入学课程和毕业总课时是各4节，所有拓展课程为年段走班制下的总量控制；部分拓展课程与基础课程中的班会有重叠和交叉，主要发生在系列项目的开展上，如体艺节、读书节、家长节等。
	入学课程	1	0	0	0	0	0	
	毕业课程	0	0	0	0	0	1	
	青春期教育	0	0	0	0	1	1	
	绘本阅读	1	1	0	0	0	0	
	双语科学、经典诵读	0	0	1	1	0	0	
	双语健康、经典诵读	0	0	0	0	1	1	
	数学与生活、足球、博物馆课程	1	1	0	0	0	0	
	博物馆课程、足球、电脑绘画、编程、板球、田径	0	0	1	1	1	1	
	舞蹈与形体、绘画	1	1	0	0	0	0	
	舞蹈与形体、创作与表达、绘画、合唱、设计、影视赏析	0	0	1	1	1	1	
个性课程	礼仪、社会公益、社会实践、心理健康	1	1	1	1	1	1	一二年级、五六年级周课时各1节，三四年级周课时各2节；主要以社团方式开展，部分项目开展时间延伸至早上和下午放学，如田径等。
	亲子绘本、英语故事	1	1	0	0	0	0	
	主持、演讲、戏剧、电台故事、英语故事	0	0	1	1	1	1	
	棋类、积木、航模、武术	1	1	0	0	0	0	
	棋类、积木、航模、武术、DI/IC、田径、足球、板球、羽毛球、乒乓球	0	0	1	1	1	1	
	舞蹈、绘画、创作与表达	1	1	0	0	0	0	
	拉丁舞、民族舞、现代舞、戏剧、曲艺、纸艺、国画、书法	0	0	1	1	1	1	
周课时总量		26	26	30	30	30	30	

重庆市南岸区青龙路小学建于2009年，为公办全日制小学。学校现有班级42个，占地约17亩，现有学生1973人，青龙路小学的学生绝大多数是本

地生源，具有较强稳定性，利于学校开展家校共育工作。学校现有在编在册教师 65 人，合同制教师 40 人。学校围绕"乐知乐群，尚真尚美龙少年"的培养目标这一核心，构建了以"开放·精致·现代的都市名校"为办学定位、以"幸福童年·精彩人生"为办学理念、以"青于蓝·龙少年"为校训、以"爱育爱·美其美"为校风的教育哲学体系，致力于培育"多元创生"的课程文化、"和而有为"的管理文化、"兼容并包"的教师文化和"事事精彩"的学生文化。结合自身特点与发展定位，通过课程建设与改革，学校成为全国"家校共育"示范基地，学校板球队连续两年蝉联全国青少年板球锦标赛冠军，学校也是教育部命名的校园足球特色学校。

在课时安排上，除表中说明外，拓展类课程以年段内走班形式开展，每一门课程一般是一个学期完成 1～4 个学习项目，每个项目用到 4～8 课时；个性课程是在下午放学课后的个别组队，以社团的方式开展，一般一个学期集中于一个明确而具体的项目(表 7－3)。

2. 案例评析

重庆市南岸区青龙路小学课程规划课时安排表，以课程为行(两级维度)、年级为列，将学校所开设的全部课程具体的课时进行安排，并控制学生总课时数以及各门课程课时所占比例，体现了表格的分类统计功能。

(二)课时安排表(案例 2)

1. 案例描述

表 7－4　重庆市南岸区龙门浩小学课程规划课时安排表

		一	二	三	四	五	六
必修课程	语文	5	5	5	5	5	5
	数学	4	4	4	4	5	5
	英语	1	1	3	3	3	3
	道德与法治	3	3	2	2	2	2
	科学(与 STEM＋整合)	1(梦想积木)		3(科学与物联网)		2(机器人与编程)	
	体育和体育活动	2＋2辅	2＋2辅	2＋2辅	3	3	3
	音乐	2	2	2	2	2	2
	美术	1＋1辅	1＋1辅	1＋1辅	1＋1辅	1＋1辅	1＋1辅

续表

		一	二	三	四	五	六
必修课程	书法	1+1辅	1+1辅	1辅	1辅	1辅	1辅
	信息技术	1	1	1	1	1	1
	综合实践			2	2	2	2
	学科拓展	绘本1/4周(语数英)、思维导图1/学期(综合实践) 足球1/4周(体育活动)、经典诵读+儿童诗创作2/学期(语文)					
	班队活动/参与策略/社区实践	1/周					
		参与策略课5/学期,环境教育5/学期					
	周课时数	26	26	30	30	30	30
选修课程	限定选修 指纹画/陶艺	指纹画每学期4课时(综合实践),陶艺每学期4课时(综合实践)					
	限定选修 班本课程	每学期4课时(综合实践)					
	限定选修 研学	每学期6课时(综合实践)					
	自主选修(社团课程+项目学习)	2/周					
		语言与文学类:小记者培训|小主持人培训 艺术与审美类:少儿动漫|舞蹈|排笛|书法|超轻彩泥 健康与生活类:少儿足球|少儿围棋|跆拳道|羽毛球 科技与创新类:VEX机器人|酷豆编程|小小实验家					
订制课程		不固定					
	晨会	每天10分钟					
	大课间或眼保健操	每天50分钟					
	总课时数	28	28	32	32	32	32

　　重庆市南岸区龙门浩小学课程规划课时安排表(表7-4)的安排是按学校课程结构进行了有机排列,为三个层级八大领域的课程实施提供可能,创造了

实施的机会和条件。学校"参与"课程的有效实施，需要对学校各个方面进行调整和改变，突破传统学科的教学常态，变革学与教方式，才能实现学校教育的优质发展。一是基于规范，实施必修课程。必修课程学年课时总数和周课时数控制在国家所规定的范围内。每学年上课时间36周，学校机动时间2周，安排传统活动、运动会等。复习考试时间2周，寒暑假、国家法定节假日共12周。二是搭建师生实践创新平台，推进选修课程和订制课程。选修课程和订制课程是达成学校育人目标的重要途径。学校倡导每位教师在开好选修课程的前提下，结合自己的兴趣与优势，开发校本课程。充分利用社区的各种资源，为学生提供有特色、高质量的校本课程。

2. 案例评析

重庆市南岸区龙门浩小学课程规划课时安排表，以行列的形式清晰展示了学校所开设三级课程各具体课程在各年级段的周课时数。另外，表格也可以使用颜色与线条进行信息标示，如以课程级别为维度或以年级为维度，提升表格的可视化效果。

(三)课时安排表(案例3)

1. 案例描述

表7-5 重庆市南岸区长生小学课程规划课时安排表

和雅课程	课程领域	科目	一年级	二年级	三年级	四年级	五年级	六年级
基础课程	国家课程和地方课程	道德与法治	3	3	2	0	0	0
		品德与社会	0	0	0	2	2	2
		安全健康环保	1	1	1	1	1	1
		语文	5	5	5	5	5	5
		书法	1	1	0	0	0	0
		英语	0	0	3	3	3	3
		数学	4	4	4	4	5	5
		信息技术	0	0	1	1	1	1
		科学	1	1	2	2	2	2
		综合实践	0	0	1	1	1	1
		体育	3	3	3	3	3	3
		音乐	3	3	3	3	3	3
		美术						

数学与思维、科学与自然、体育与艺术为课程领域。

续表

和雅课程		课程领域	科目	一年级	二年级	三年级	四年级	五年级	六年级
拓展课程	学科辅助课程	人文与社会	书法辅导	1	1	1	1	0.5	0.5
		数学与思维	拓展训练	0.5	0.5	0.5	0.5	0	0
		科学与自然	科技辅导	0.5	0.5	0.5	0.5	0.5	0.5
		体育与艺术	体育辅导	1	1	1	1	1	1
			艺术辅导						
	兴趣体验课程	含四个领域	31个项目（自主选修）	2	2	2	2	2	2
特长课程		含四个领域	Happy English、奇思妙用、乐尚机器、篮球、布艺、巴乌等	根据开设项目，从各年级挑选拔尖学生参加，每周二、三、四下午放学后集中训练，每周3课时。因教学面向少数学生，故不计入周课时中。					
周课时总量				26	26	30	30	30	30

重庆市南岸区长生小学课程规划课时安排表（表7-5）严格按照《关于调整普通中小学课程计划的通知》（渝教基〔2012〕21号）文件要求执行，保证国家课程和地方课程不折不扣地落到实处。三年级至六年级每周2节综合实践活动课设置为1节综合实践、1节信息技术；各年级地方课程中均开设了1节安全健康环保，旨在充分利用配套教材和身边的典型事例，多角度、多方式对学生进行感化教育。为了最大限度地满足学生多样化的成长需求，且不加重学生的课业负担，学校整合了学科辅助课程，将中、低段的学科辅助课程课时数浓缩为3节，高段的学科辅助课程课时数浓缩为2节，以挪出2节课（集中在周五下午），让全体学生从丰富多彩的31门校本课程中选自己最喜欢的课程，走班上课，尽享成长的快乐和成功的喜悦。基于彰显学校特色，发挥学生特长的需要，学校开设了Happy English、奇思妙用、乐尚机器、篮球、布艺、巴乌等特长课程，这几门课程因参与学生少，训练时间安排在下午两节课后，属于社团训练，故未纳入学校课程表，也不计入周课时中。

2. 案例评析

重庆市南岸区长生小学课程规划课时安排表，标示了三个级别课程在不同年级的周课时安排。当需要时，在该表右侧可以增加一栏，用于汇总统计各课程在完整小学教育的总课时。另外，学校也提出了一个问题，即面向少数学生的课程设置，其课时量如何体现与统计。因此，具体实施时，需要面向全校、面向年级、面向班级甚至面向个人的多级课时安排表。

(四)课时安排表(案例 4)

1. 案例描述

表 7-6　重庆市南岸区黄桷垭小学课程规划课时安排表

课程	年级课时科目	周课时						说明
		一	二	三	四	五	六	
国家基础课程	语文	5	5	5	5	5	5	按照"渝教基〔2012〕21号"文件要求安排课程和每周课时。
	书法	1	1	0	0	0	0	
	数学	4	4	4	4	5	5	
	英语	1	1	3	3	3	3	
	音乐	2	2	1	1	1	1	
	美术	1	1	2	2	2	2	
	品德与生活	3	3	2	2	2	2	
	科学	0	0	2	2	2	2	
	体育	2	2	2	2	2	2	
	综合实践	0	0	1	1	1	1	
	班队活动	1	1	1	1	1	1	
	辅助活动课程	6	6	6	6	6	6	根据重庆市课程计划安排。
拓展课程	兴趣、社团活动课程	1	1	1	1	1	1	根据学生需求,利用社区教育资源,结合学校实际,开设文学、艺术、体育、科技等多类内容兴趣活动及社团活动课程(下午第 3 节课辅时间)。
特色发展课程	社会实践活动课程	活动总量每学年 2 次～3 次						主要组织学生实践和利用寒暑假学生自主实践。
	科技调查活动课程	活动总量每年 15 次～20 次						组织学生进行校内科技知识传授、普及,校外实地调查、研究。
	玩伴游学类课程	每期开展玩伴游学类课程						以项目任务、设计、制作、活动的方式构建"玩伴游学课程系统"。
周课时总量		26	26	30	30	30	30	不含下午第 3 节课辅及探究课程。

在国家规定课程基础上，重庆市南岸区黄桷垭小学开设有适应学生天性需求的兴趣和拓展课程以及指向学生深度学习、能力运用的探究学习课程和自主开发的玩伴游学课程（表7-6）。如每堂课开课前3分钟的微型课程辅助活动，由一名或一个团队上台展示，展示的内容可以是科技类、语言类、体育类、艺术类等，其他学生和教师给予评价和评分；辅助课程还有书法、艺术、手工等以多样化的形式辅助学生对国家学科课程的学习。

2. 案例评析

在重庆市南岸区黄桷垭小学课程规划课时安排表中，可以清晰地看出各年级各门课程的周课时数，及其所属的课程类别。同时，学校还特别注重对课程课时安排的依据进行说明，体现了严谨性。为了提升信息的可视化效果，可以适当对课时安排表辅以恰当的颜色标注。

（五）课时安排表（案例5）

1. 案例描述

重庆市南岸区教师进修学院附属小学在课时总量不变的原则下，校本课程课时的安排则根据实际情况灵活处理。每学期，学生根据自己的兴趣爱好，选择本期学习的课程，实施"走班式"教学。在课时总量限定的基础上，基础性必修、限定性必修、自主性选修课程分别实施，有的课程每周1节，有的课程间周1节，最大限度满足学生多种兴趣的要求。另外，学校又设计了长短课，根据课程的实际需要，打破传统一节课固定40分钟的模式。比如国旗下展示课程，与周一的升旗仪式结合起来，每周15分钟，培养学生综合素质（表7-7）。

2. 案例评析

重庆市南岸区教师进修学院附属小学课程规划课时安排表，在校本课程课时安排上做了大量探索。学校课程的整体设计，要通过具体的课时安排才能落到实处。学生学习的课时总数是一定的，在不加大学生的学习负担的情况下，要统筹实施，才能将学校的课程具体实施。国家、地方课程的课时数按照重庆市课程计划的要求严格执行，而校本课程课时则可以根据学校情况灵活处理。

（六）课时安排表（案例6）

1. 案例描述

重庆市南岸区茶园新城初级中学（学校基本情况详见第二章），在课时安排上，根据"渝教基〔2012〕21号"文件和"渝教基〔2012〕66号"文件，在课时量和学生在校时间不变的情况下，对课程实施的时间进行了整体规划、合理分配。其中，基础课程严格按照《重庆市周课时计划》执行。拓展课程七年级每周1.5课时，固定在周二下午4：30—5：30进行；八年级固定在周三下午4：30—5：30进行；

表7-7　重庆市南岸区教师进修学院附属小学课程规划课时安排表

课程类别	课程	一年级	二年级	三年级	四年级	五年级	六年级	备注
国家课程	道德与法治	2						
	品德与生活		2					
	品德与社会			1	1	1	1	
	科学			1	1	1	1	
	语文	4	4	4	4	4	4	
	书法	1	1					
	数学	4	4	4	4	5	5	
	英语			2	2	2	2	
	美术	1	1	1	1	1	1	
	音乐	1	1	1	1	1	1	
	体育与健康	2	2	2	2	2	2	
地方课程	综合实践	1	1	1	1	1	1	
	安全、环保、法治	1	1	1	1	1	1	
	篮球、田径	0.5	0.5	0.5	0.5	0.5	0.5	隔周1节
	足球	1	1	1	1	1	1	
本校课程	和美德育	1	1	1	0.5	0.5	0.5	隔周1节
	三益农场、心灵沙语			0.5	0.5	0.5	0.5	隔周1节
	比特实验室、小小实验家			0.5	0.5	0.5	0.5	隔周1节
	机器人、3D智慧、智慧			0.5	0.5	0.5	0.5	隔周1节
	数书九章	0.5	0.5	0.5	0.5	0.5	0.5	隔周1节
	奇松积木	0.5	0.5	0.5	0.5	0.5	0.5	隔周1节
	圆梦英语			0.5	0.5	0.5	0.5	隔周1节
	中美课本剧			0.5	0.5	0.5	0.5	隔周1节
	美文赏析			0.5	0.5	0.5	0.5	隔周1节
	妙笔生花	0.5	0.5	0.5	0.5	0.5	0.5	隔周1节
	墨艺书香	1	1	1	1	1	1	隔周1节
	室内攀岩、羽毛球	0.5	0.5	0.5	0.5	0.5	0.5	隔周1节
	动漫创作	1	1	1	1	1	1	
	欢乐鼓、鼓舞	1	1	1	1	1	1	
	梦想与团队、好声音			0.5	0.5	0.5	0.5	隔周1节
	葫芦丝、尤克里里、陶笛			0.5	0.5	0.5	0.5	隔周1节
	泥塑、梦工场			0.7	0.7	0.7	0.7	
	国旗下展示、博物学堂			0.3	0.3	0.3	0.3	
	科技小制作	1	1					
	语言艺术、武术、围棋	1	1					
	合计	26	26	30	30	30	30	

表7-8 重庆市南岸区茶园新城中学课程规划课时安排表

课程领域	课程设置	七年级	八年级	九年级	学年总课时	课程领域	课程设置	七年级	八年级	九年级	学年总课时
语言与文学	语文	5	5	5	七年级200,八年级200,九年级200		语言角	1	1	1	七年级40,八年级40,九年级40
	英语	5	5	4	七年级200,八年级200,九年级200		今天我值日	1	1	1	七年级60,八年级60,九年级60
	历史	2	2	2	七年级80,八年级80,九年级80	语言与文学	中国历史与民间艺术	1.5	1.5	1.5	七年级60,八年级60,九年级60
	"三益"阅读系列	1.5	1.5	1.5	七年级40,八年级40,九年级40		历史小论文	1	1	1	七年级60,八年级60,九年级60
	经典阅读与欣赏	1	1	1	七年级40,八年级40,九年级40		英语演讲	1	1	1	七年级40,八年级40,九年级40
	古典阅读与欣赏	1	1	1	七年级40,八年级40,九年级40		文学社团	1	1	1	七年级40,八年级40,九年级40
	现代英文欣赏	1	1	1	七年级40,八年级40,九年级40	人文与社会	道德与法治	3	3	3	七年级120,八年级120,九年级120
	中国诗词大全	1	1	1	七年级40,八年级40,九年级40		"雅行"课程	1	1	1	七年级40,八年级40,九年级40
	歌声飞"洋"	1	1	1	七年级60,八年级60,九年级60		静思绘	1.5	1.5	1.5	七年级60,八年级60,九年级60
	英文电影欣赏	1.5	1.5	1.5	七年级40,八年级40,九年级40		为"礼"疯狂	1	1	1	七年级40,八年级40,九年级40

续表

课程领域	课程设置	七年级	八年级	九年级	学年总课时
人文与社会	入校课程	5/学年			七年级5
	高校课程			2/学年	九年级2
	时政播报与评价（课前）	5分钟	5分钟	5分钟	七年级5，八年级5，九年级5
	中学生政治小论文	1.5	1.5	1.5	七年级40，八年级40，九年级40
数学	数学	5	5	5	七年级200，八年级200，九年级200
	王冠数学	1.5	1.5	1.5	七年级60，八年级60，九年级60
	数学演算	1.5	1.5	1.5	七年级60，八年级60，九年级60
	奥数、理财	1.5	1.5	1.5	七年级60，八年级60，九年级60
体育与健康	体育	3	3	3	120
	茶艺社	1	1	1	16
	阳光心理社	1	1	1	
	田径	2.5	2.5	2.5	七年级40，八年级40，九年级40

课程领域	课程设置	七年级	八年级	九年级	学年总课时
体育与健康	健美操	2.5	2.5	2.5	七年级100，八年级100，九年级100
	足球	2.5	2.5	2.5	七年级100，八年级100，九年级100
	篮球	2.5	2.5	2.5	七年级100，八年级100，九年级100
	"三益"体育节	16/学年	16/学年	16/学年	七年级100，八年级100，九年级100
技术	信息技术	2	1	1	七年级80，八年级40，九年级40
	超趣PPT	1.5	1.5	1.5	七年级60，八年级60，九年级60
	电脑绘画	1.5	1.5	1.5	七年级60，八年级60，九年级60
艺术	音乐	2	2	2	七年级80，八年级80，九年级80
	美术	1	1	1	七年级40，八年级40，九年级40
	书法	1	1	1	七年级40，八年级40，九年级40
	"三益"艺术节	16/学年	16/学年	16/学年	七年级40，八年级40，九年级40

续表

课程领域	课程设置	七年级	八年级	九年级	学年总课时
艺术	声动全城	1	1	1	16
	舞蹈	1.5	1.5	1.5	七年级60，八年级60，九年级60
	合唱团	1.5	1.5	1.5	七年级60，八年级60，九年级60
	舞蹈风	1.5	1.5	1.5	七年级60，八年级60，九年级60
	肉肉公社	1.5	1.5	1.5	七年级60，八年级60，九年级60
	素描	1	1	1	七年级60，八年级60，九年级60
	书法爱好	1	1	1	七年级40，八年级40，九年级40
科学	物理	2	2	3	八年级80，九年级120
	化学	2	2	3	120
	生物学	2	2		七年级80，八年级80
	地理	2	2		七年级80，八年级80
	物理与生活	1.5	1.5	1.5	八年级60，九年级60
	小小实验家	1.5	1.5	1.5	八年级40，九年级40
	VRX机器人	1.5	1.5	1.5	八年级60，九年级60

课程领域	课程设置	七年级	八年级	九年级	学年总课时
科学	化学与生活			1.5	九年级60
	化学趣味实验			1.5	九年级60
	生命的奥秘	1.5	1.5		七年级60，八年级60
	小小实验家		1	1	八年级40，九年级40
	品世界		1	1	八年级40，九年级40
	物理小论文		1	1	八年级40，九年级40
	物理实验		1.5	1.5	八年级40，九年级40
	化学实验探究			1.5	九年级60
	生物实验	1.5	1.5		七年级60，八年级60
	地理阅读	1.5	1.5		七年级60，八年级60
	地理实验	1.5	1.5		七年级60，八年级60
综合实践活动	综合实践活动	1	1	1	七年级80，八年级80，九年级80
	环境、安全、防空教育	1	1	1	七年级40，八年级40，九年级40
	心灵手巧	1	1	1	七年级40，八年级40，九年级40
	类型服装设计	1.5	1.5	1.5	七年级40，八年级40，九年级40
	基础课程	40	40	40	

九年级固定在周五下午 3：30—4：30 进行；均以年级走班形式呈现，"大阅读"系列集中在午间 1：00—1：20 进行；特长课程以教师带队形式呈现，时间安排在每天下午 4：30—5：30 进行或课余时间进行（表 7 - 8）。

2. 案例评析

在重庆市南岸区茶园新城初级中学课程规划课时安排表中，可以看到各课程领域、各具体课程在每个学年段课时数及其三年总课时数，突出国家课程的实施与落实。

第八章 可视化学校课程规划案例："四图两表"综合应用

一、学校课程规划"四图两表"的内在逻辑

课程规划，核心就是对课的历程进行规定与谋划。其通常宏观工作流程为：一是收集分析信息与资料，二是提炼构建结构与内容，三是整合呈现理念与内容。在这个流程中，知识可视化、信息图式化是非常有价值且高效的工具与载体。为此，重庆市南岸区在区域推进学校课程规划的探索中形成了简洁而高效的"四图两表"模式，这"四图两表"是内在逻辑一致的，功能各有侧重，又互相支持互相印证，成为一个统一的完整体，并以信息图式化的方式呈现，最大限度地提炼与最高效方式传递学校课程规划。

SWOT战略分析图是学校课程规划的起点与基础，解决的问题是学校课程规划的背景分析与发展战略选择。学校课程规划不能凭空规划，而是生长于学校的传统之中，生长于校情之中，生长于学情之中，生长于时代之中。同时，学校课程规划有无限的发展可能与方向，但时间资源却是有限的，应当选择对学校最有价值最有可能实现的方向去发展。

培养目标图是学校课程规划的靶心，解决的问题是学校课程规划的指向性。课程规划要在SWOT战略分析图的基础上，合政策要求、合教育科学、合学校特色地结合核心素养发展体系来确定学校培养目标，从而从框架上规定了课程的层级与课程板块。

课程层级图与课程群图是学校课程规划的基本结构，解决的问题是学校课程是怎么组织起来的。课程层级侧重纵向关系、课程群侧重群组模块关系。两者一起，共同呈现了学生课程经验的基本图景，使学校课程能够联动起来，建立流动的关联。

课程设置表与课时安排表是学校课程规划的基本路径，解决的问题是课程体系如何落地。课程设置表侧重的是整个学段的总课程安排，课时安排表侧重的是各年级乃至各学校具体的课程安排。一个是总，一个是细分，一步一步逐渐落地。

二、课程规划"四图两表"的综合案例

(一)综合案例 1：重庆市南岸区南坪实验幼儿园可视化课程规划

重庆市南岸区南坪实验幼儿园 1993 年由南岸区人民政府投资举办，南岸区教委主管，属公办幼儿园，南岸区名校。1998 年被评为重庆市首批示范园，2005 年被评为重庆市文明单位，2008 年获得重庆市巾帼文明岗称号，2014 年被认定为重庆市教师培训基地。幼儿园位于南坪后堡，占地 4,330 平方米，建筑面积 3,903 平方米，现设 10 个班，可收幼儿 350 名，教职员工 67 名。

幼儿园在不断实践和反思中，提出了"以爱奠基，科学育人"的办园宗旨，以"好好玩、自己做、交朋友、好习惯"为核心的教育价值取向，始终秉承"以儿童为本"的教育思想，遵循幼儿身心发展规律，遵循学前教育规律，尊重幼儿个体发展差异，将幼儿作为"社会人"看待，在工作中，坚持实施科学保教，促进幼儿身心健康发展，赢得了家长的满意和社会的信誉，成为重庆市学前教育的窗口园。

幼儿园在深入落实"激养成之活力，化人文之初元"的教育理念下，提倡激发幼儿内在动力，为使其作为可持续性发展的人的成长初期奠基。以"活和"课程为载体，基于生活、践于活动，凸显活力儿童、活力教师的双主体，用心打造自主活动这一特色来实现"重活动、激活力、至活和"的课程理念，将影响幼儿发展的关键经验物化为具体的材料，创设适宜的活动情境，让幼儿在自主操作、探索发现，在环境与他人的互动交流中，激发幼儿内在活力，实现身心和谐、富有个性的发展。

1. SWOT 战略分析图

学校以南岸区课程领导力项目为发展契机，进行了 SWOT 分析，分别梳理出幼儿园现阶段优势、劣势、机会、威胁四个方面数十条内容。SWOT 战略分析是基于对幼儿园内部和外部条件各方面内容进行系统的综合和概括，通过客观理性地梳理优劣势、面临的机会和威胁，将学校未来的发展战略与现有内部资源、外部环境有机结合起来，为后期发展寻找到可行、有效的方法与路径，形成了 SWOT 战略分析图(图 8 - 1)。其中，S (strengths)、W(weaknesses)是内部因素，学校以横坐标的方式来呈现；O(opportunities)、T (threats)是外部因素，则通过横坐标的形式来呈现。同时，在坐标图四个方向的外围，分别列举出学校目前所拥有的优势、劣势、机会、威胁所有数据中最为关键和重要的内容，清晰可见当前幼儿园的发展现状。SW 线与 OT 线垂直交叉，又共同形成了四个象限的完整坐标图，每一个象限分别罗列出和相邻坐标关联的一种策略，分别为 SO 策略、ST 策略、WO 策略、WT 策略，共同呈现学校在现有内外部环境下，运用自己的最优资源以及现阶段可以实现的举措，规划出有效行动路径。

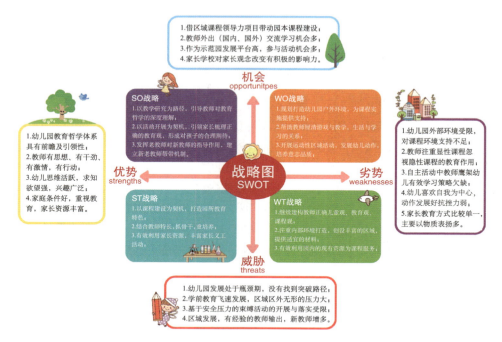

图8-1 重庆市南岸区南坪实验幼儿园课程规划SWOT战略分析图

2. 培养目标图

图8-2 重庆市南岸区南坪实验幼儿园课程规划培养目标图

学校培养目标涵盖一个中心，三个方面，九个要素（图8-2）。一个中心是指培养"和谐发展的活力儿童",学校的儿童观是:儿童是具有内在活力,充满灵性的独特的社会人。儿童具有旺盛生命力的,对生命的感受,对世界的看法都有自己独特的通道,是值得尊重的独立个体。和谐发展的活力儿童又具体表现为:会玩耍、好习惯、交朋友三大方面,涵盖《3—6岁儿童学习与发展指南》五大领域的培养目标。其中会玩耍表现为:主动参与、勇于探究、乐于创造;交朋友表现为:自主自信、喜欢表达、友好相处;好习惯表现为:情绪愉快、自我服务、热爱运动。

幼儿园培养目标的一个中心,三个方面,九个要素紧紧围绕3—6岁幼儿学习特点与学习方式,遵循幼儿身心发展规律,指向《3—6岁儿童学习与发展指南》五大领域核心目标,注重儿童和谐全面的发展,这与《中国学生发展核心素养》中文化基础、自主发展、社会参与三方面不谋而合,会玩耍关注幼儿与工具之间的互动与关系;好习惯关注幼儿与自己的互动与关系;交朋友关注幼儿与人和社会的互动关系,分别体现了人与工具,人与自己,人与社会三大关联,只是作为幼儿阶段的素养有的是显性的,有的是隐形的,还有的是萌芽的,这些都充分体现了育人目标的全面性、合理性、科学性。

3. 课程层级图

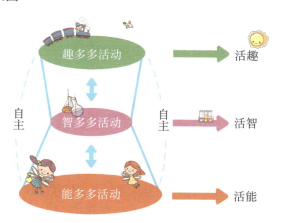

图8-3　重庆市南岸区南坪实验幼儿园课程规划课程层级图

"活和"课程紧扣课程理念"重活动、激活力、重活动"通过丰富的活动为载体,创设适宜的活动环境,让幼儿通过亲身参与、实际操作、直接感知的方式,在自主选择与探究过程中,实现主动学习,促进自主发展,最终实现和谐且和而不同的发展。课程三大板块集中指向游戏、学习、生活三方面,"趣多多活动"主要聚焦激活兴趣,引发动力。"智多多活动"主要聚焦活跃思维,建构认知。"能多多活动"主要聚焦生活自理,发展技能(图8-3)。三大板块相对独立，又相互渗透，相互关联，用"自主"的主线进行贯穿。这里的自主是根据幼儿的年龄特点有特别的解读，一方面，学前期的自主是对主体意识的唤醒，在教师的指导下，逐步萌芽和初步发展的，还不能实现完全的自主。另一方面，活动中具有独立的主人翁意识，有自觉的学习态度，能够在教师的引导下独立探索，在原有水平上富有个性地发展。

课程立体图清晰地将"活和"课程三个板块在一日生活中合理的时间分布呈现出来，其中关注幼儿生活能力发展的"能多多"活动面积最大，充分体现幼儿园阶段生活活动是基础占比重，其他两方面"智多多活动"面积少，"趣多多活动"面积多，充分体现幼儿园弱化集体学习活动，注重游戏活动开展与实施。

4. 课程群图

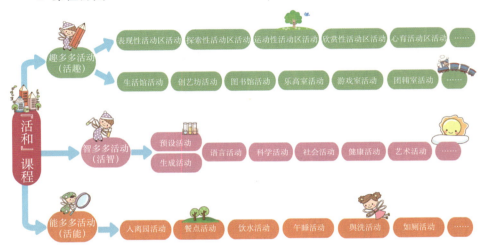

图8-4 南岸区南坪实验幼儿园课程规划课程群图

"活和"课程由"趣多多""智多多""能多多"三大板块的活动有机组合而成，活动之间相对独立，又相互渗透，相互关联。不同年龄阶段和不同发展水平的幼儿，都能在活动过程中实现自身的学习与发展（图8-4）。

趣多多活动：主要包含区域活动和俱乐部活动两大内容，根据五大领域中幼儿发展的核心经验、幼儿感兴趣的事物及学习活动的延伸内容，将其物化为具体的活动材料，创设适宜的活动情境，通过自主选择、自由发起、主动探索，充分与材料互动，不断发现、探索、表达、创造。在参与趣多多活动的过程中，幼儿形成了认真专注、勇于探索、乐于交往、有序、坚持等良好的学习习惯和品质。

智多多活动：由预设活动和生成活动两部分组成，旨在激发幼儿思维的活跃，不断建构新的认知体系。预设活动是教师遵循《3—6岁儿童学习与发展指南》和《幼儿园教育指导纲要(试行)》中对幼儿发展的目标定位,依据一定的原则,选择适宜的教学内容、设计科学的教学环节,有目的、有计划地面向全班幼儿实施教学过程的活动。生成活动是由教师通过对幼儿在半日活动中的观察,筛选幼儿感兴趣且具有教育价值的内容,设计一系列主题活动,教师通过引导和支持的方式,促进幼儿在探究、体验、合作的过程中进行主动学习。

能多多活动:包含了晨间入园、进餐、饮水、睡眠、如厕、盥洗、离园等生活环节活动。这些活动占据了幼儿每日在园生活的大部分时间,是幼儿生理和发展的需要,与此同时这些活动也是幼儿教育的重要组成内容,蕴藏了许多的教育契机。这些幼儿每天多次参与的能多多活动,不仅能让幼儿在潜移默化中习得基本的生活经验和技能,还能培养幼儿独立生活的能力,是幼儿后续学习知识技能的基础,也是幼儿终身全面协调、可持续发展的基础。

5. 课程设置表

表 8-1　南岸区南坪实验幼儿园课程设置表

课程类型		年	小班	中班	大班
趣多多活动	活动区活动	表现性活动区活动	7次/周	5次/周	5次/周
		探索性活动区活动	5次/周	3次/周	3次/周
		欣赏性活动区活动	5次/周	3次/周	3次/周
		运动性活动区活动	1次/周	1次/周	1次/周
		心育活动区活动	5次/周	3次/周	3次/周
	俱乐部活动	生活馆活动	1次/周	1次/周	1次/周
		创艺坊活动		1次/周	1次/周
		图书馆活动	1次/周	1次/周	1次/周
		乐高室活动			1次/周
		游戏室活动		1次/周	1次/周
		团辅室活动	1次/月	1次/月	1次/月
智多多活动	生成活动 30%	语言活动	4次/月	4次/月	4次/月
		科学活动(科学、数学)	6次/月	6次/月	6次/月
	预设活动 70%	社会活动	2次/月	2次/月	1次/月
		健康活动	35次/月	35次/月	32次/月
		艺术活动(音乐、美术)	8次/月	8次/月	8次/月

续表

课程类型		年	小班	中班	大班
能多多活动	生活环节	入离园活动	次/天	次/天	次/天
		餐点活动	3次/天	3次/天	3次/天
		饮水活动	次/天	次/天	次/天
		午睡活动	1次/天	1次/天	1次/天
		盥洗活动	次/天	次/天	次/天
		如厕活动	次/天	次/天	次/天

"趣多多活动"包括活动区活动和俱乐部活动两大板块。活动区活动中表现性活动区为装扮区、表演区、建构区、美工区；探索性活动区为益智区、科常区、沙水区、种植同养区；运动性活动区为固定运动器械区、可移动运动器械区、自然游戏区；欣赏性活动区为阅读区、展示区。幼儿园每个年龄段都有其明显的年龄特点。因此，在课程设置中各年龄的活动区活动的数量、俱乐部活动的内容各不相同。小班幼儿处在明显的自我中心阶段，还不能很好地适应集体生活和常规教学秩序，因此活动区更能满足他们的自主性、自由发展性。所以活动区活动每周活动次数：小班＞中班＞大班。俱乐部活动是幼儿园对活动区活动的补充和拓展。每周俱乐部活动的数量及内容大班＞中班＞小班。小班每周图书馆、生活馆活动各1次。中班在小班基础上增设了创艺坊、游戏室，每周各1次。大班又在中班的基础上增设了乐高室，每周1次，满足幼儿个性化发展的需要。

"智多多活动"包括预设和生成活动。在课程设置中，采取2＋N的模式，即2个预设主题＋N个生成主题。这个N可能是1个、2个或者多个，教师们可以根据班级具体情况和幼儿的兴趣自主实施，充分利用预设和生成之间的相互转化形成一定的教学策略，确定明确的教育目标，选择符合幼儿需求又能够适合其兴趣的教学方式实现教学活动的顺利进行，从而更好地促进幼儿的自主学习。

"能多多活动"主要指生活环节活动。在课程设置中，有些生活活动是可以用次数进行统计的，例如：餐点活动、午睡活动，但更多的生活活动例如：饮水、如厕这些都是幼儿的生理需求，因此在实施过程中根本无法用次数进行统计。于是采取"集中＋自主"的形式，每天在固定的环节、时间里，教师组织幼儿集体饮水、如厕，但更多的时候是鼓励幼儿根据自身需要自主饮水、解便，充分调动幼儿的积极性、主动性，学会自己照顾自己、自己管理自己。

6. 课时安排表

表 8－2　重庆市南岸区南坪实验幼儿园课程规划课时安排表

时间（小班）	一	二	三	四	五
8：10—9：20	入园活动、餐点活动	入园活动、餐点活动	入园活动、餐点活动	入园活动、餐点活动	入园活动、餐点活动
	活动区活动（表现性、探索性、欣赏性、心育活动）	活动区活动（表现性、探索性、欣赏性、心育活动）	活动区活动（表现性、探索性、欣赏性、心育活动）	活动区活动（表现性、探索性、欣赏性、心育活动）	活动区活动（表现性、探索性、欣赏性、心育活动）
9：20—9：50	语言活动	科学活动（数学）	艺术活动（音乐）	社会活动（单周）科学活动（双周）	艺术活动（美术）
9：50—10：50	餐点活动	餐点活动	餐点活动	餐点活动	餐点活动
	健康（早操）	健康（早操）	健康（早操）	活动区活动（运动性）	健康（早操）
10：5—11：35	如厕、盥洗、饮水	如厕、盥洗、饮水	如厕、盥洗、饮水	如厕、盥洗、饮水	如厕、盥洗、饮水
11：3—12：20	餐点活动	餐点活动	餐点活动	餐点活动	餐点活动
12：20—14：30	午睡活动	午睡活动	午睡活动	午睡活动	午睡活动
14：30—15：00	如厕、盥洗、饮水	如厕、盥洗、饮水	如厕、盥洗、饮水	如厕、盥洗、饮水	如厕、盥洗、饮水
15：00—15：30	俱乐部活动（生活馆活动）	俱乐部活动（图书馆活动）	活动区活动（表现性）	活动区活动（表现性）	俱乐部活动（每月第1周）（团辅室活动）
					健康活动
15：30—16：30	健康活动（户外体育活动）	健康活动（户外体育活动）	健康活动（户外体育活动）	健康活动（户外体育活动）	餐点、如厕、盥洗、离园
16：30—17：00	餐点、如厕、盥洗、离园	餐点、如厕、盥洗、离园	餐点、如厕、盥洗、离园	餐点、如厕、盥洗、离园	

课时安排表以时间为纵向坐标来合理安排小班、中班、大班的课程内容，这样既便于教师的实施又有利于幼儿形成秩序感。它不只是对日常教育工作的内容进行时间上的简单安排，而是对幼儿的发展需求和教育内容以及教育方法的全面安排（表8-2）。

首先，时间化零为整，大板块的时间划分。例如：时间段8：10—9：20包含了入园活动、餐点活动以及活动区活动。孩子们可以根据自己的需要决定是先餐点活动、还是先进行活动区活动；也可以根据自己的兴趣需要选择自己进行怎样的活动区活动。孩子们陆续进入教室、进入不同的活动区，既能满足幼儿不同的兴趣、需要，避免不必要的消极等待，又便于教师在活动中的观察、记录和指导促进幼儿的个性化发展。又如：小班9：20—9：50，中大班10：20—11：10，这两个时间段均为学习活动。虽然，小班的集中学习活动时间一般为10~15分钟；中班15~20分钟，大班20~25分钟，剩下的时间就由各班级的教师自主生成、弹性实施、延展补充，通过个别化学习、小组活动的方式开展，满足幼儿的不同需要，促进幼儿在原有水平上获得发展。

其次，整合学校场地资源，有效利用。例如：早操时段中大班9：20—10：20，先开展早操活动，再饮水；小班9：50—10：50，先吃水果再开展早操活动，这样通过时间以及活动先后顺序的调整既保障了活动的场地，又保证了活动的顺利进行。又如：户外体育活动时段大班15：00—15：30、小班15：30—16：30、中班15：50—16：20，这样分时段进行，满足了大家对场地的需求。

（二）综合案例2：重庆市南岸区南坪实验小学可视化课程规划

重庆市南岸区南坪实验小学由爱国民主人士胡子昂先生于1903年创办，现在是一所由政府举办的"一校九点"的集团化、开放式窗口学校。近年来，学校立足教育优质、均衡发展战略，坚持以"没有爱就没有教育，没有兴趣就没有学习"为办学核心价值追求，凝聚了"责立南小 任当世界"的办学理念，把责任教育上升到以培养民族责任感为重点，植根优秀传统文化；把英语教学作为突破口，引导学生以开放的心态和环球的眼光学习一切民族的优秀文化，从而确立了"孕育中国灵魂，开启世界眼光"的学生培养目标，努力成就学生中华文化底蕴与国际视野。

学校校区遍布南岸区商圈周边，总占地面积达110余亩，学生8,000余人，教师400余人。现有特级教师2人，正高级教师1人，国务院津贴专家1人，市、区级学科带头人、骨干教师86人，中小学一级教师、高级教师120余人。在基础教育课程改革中，学校以办学理念与培养目标为取向，突出课程的整体性设计与系统性构建，整合三级课程，建构了"责立南小、任当世界"的课程体系；扎实推进国家课程的校本化实施，将"民族"与"世界"两大核心元素有机融入课程中，形成了以国家课程为根基，以丰富的校本课程为补充的实践模式。利用课程优势资源，探索课程的跨界整合，创生了"戏剧综合课程"，建构了以"英趣大舞台"为课程资源中心的情境体验课程，在提升课程品质中让学生享受着学习的快乐。完成的成果著述《"责立南小 任当世界"双发展课程建构》《小班化教学》《责任教育：让我们学会担当》《特色与发展》等，先后由人民教育出版社、重庆出版社等出版。

　　学校在课程领导力建设的整体推进中，以彰显课程"自主、自律、自觉、自信"为宗旨，坚持走传承、突破、创生之路，且行且思，从课程建设背景分析入手，确立培养目标、建构课程体系、细化课程实施，建构了"责立南小 任当世界"课程的"四图两表"。

　　1. SWOT 战略分析图

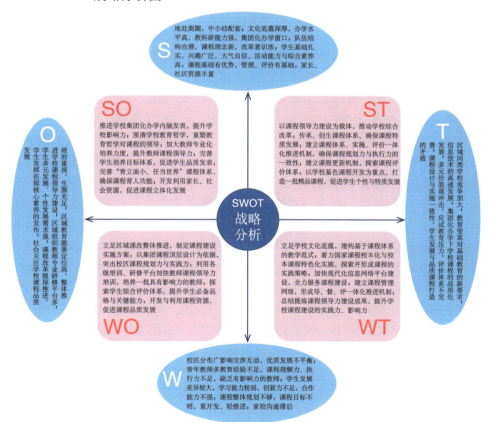

图 8-5　重庆市南岸区南坪实验小学课程规划 SWOT 战略分析图

重庆市南岸区南坪实验小学课程规划 SWOT 战略分析图(图 8 - 5)是基于对校情、学情系统分析的基础上综合、创新而成,其战略构建主要源于在分析中得出的如下结论:课程文化底蕴深厚。学校有以"没有爱就没有教育,没有兴趣就没有学习"的办学核心价值追求为根基;以"责立南小、任当世界"办学理念为内核;以"孕育中国灵魂,开启世界眼光"培养目标为取向。课程基础有优势。学校有长期责任教育与英语教学研究中形成的丰富课程,课程目标比较明晰,内容比较丰富,实施较为扎实,评价具有基础。课程状态深入有空间。体系不够完善,存在"有点无面"的问题;体例不够系统,存在"有课无程"的问题;研究不够深入,存在"有形无神"的问题;推动不够扎实,存在"有影无痕"的问题。课程发展需自信。课程意识不自信,存在"学科教材取代学科课程"的问题;课程行为不自信,存在"教教材取代课程教"的问题;课程评价不自信,存在"分数取代素养"的问题。学生需要自主参与的课程、趣味性强的课程、形式多样化的课程、突出个性化的课程等。为此,从学校课程领导力建设的优势(S)、劣势(W)、机会(O)、威胁(T),架构了在课程领导力建设中的 SO,即:推进学校集团化办学内涵发展,提升学校影响力;厘清学校教育哲学,重塑教育哲学对课程的领导;加大教师专业化培养力度,提升教师课程领导力;完善学生培养目标体系,促进学生品质发展;完善"责立南小、任当世界"课程体系,确保课程育人功能;开发利用家长、社会资源,促进课程立体化发展。ST,即:以课程领导力建设为载体,推动学校综合改革;传承、创生课程体系,确保课程特质发展;建立课程体系、实施、评价一体化推进机制,确保课程规划力与执行力的一致性;建立课程更新机制,探索课程评价体系;以学校基色课程开发为重点,打造一批精品课程,促进学生个性与特质发展。WO,即:立足区域课改整体推进,制定课程建设实施方案;以集团课程顶层设计为依据,突出校区课程规划力与实践力;利用各级培训、研修平台加快教师课程领导力培训,培养一批具有影响力的教师;探索学生综合评价体系,提升学生必备品格与关键能力;开发与利用课程资源,促进课程品质发展。WT,即:立足学校文化底蕴,建构基于课程体系的教学范式;着力国家课程校本化与校本课程特色化实施,探索并形成课程的实践策略;加快现代化信息网络平台建设,全力服务课程建设;建立课程管理网络,形成导、督、评一体化推进机制;总结提炼课程领导力建设成果,提升学校课程建设的实践力、影响力。系统规划了在未来几年内学校课程领导力建设的着力点。其主要亮点为:让分析更明晰、战略决策更有效,学校课程领导力建设更具系统性。

2. 培养目标图

依据学校 SWOT 战略分析,学校着力从未来社会发展对学生的需求出发,

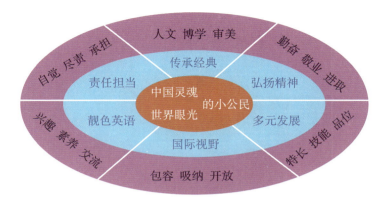

图 8 - 6　重庆市南岸区南坪实验小学课程规划培养目标图

立足学校文化底蕴，在国家立德树人思想的引领下，在"书香南岸，幸福教育"的区域教育愿景指导下，确立了学校培养总目标"'中国灵魂、世界眼光'的小公民"，绘制培养目标图(图 8 - 6)。

学校以培养学生成为既有"中国灵魂"，又有"世界眼光"的小公民为总目标，形成两大方面。依据总目标把发展学生核心素养有机融入，进一步厘清学校培养目标维度，依据两大方面的分解构建了六个维度的一级目标，即"责任担当、传承经典、弘扬精神、靓色英语、多元发展、国际视野"，六个维度合力达成培养中华文化底蕴与国际视野的人。同时，学校将培养目标维度聚焦，把社会主义核心价值观融入培养目标维度中，将每个维度定位为三个关键词，即责任担当聚焦：自觉、尽责、承担；传承经典聚焦：人文、博学、审美；弘扬精神聚焦：勤奋、敬业、进取；靓色英语聚焦：兴趣、素养、交流；国际理解聚焦：包容、吸纳、开放，多元发展聚焦：特长、技能、品位。并以此链接低、中、高三个年段各个素养的三层次具体目标，形成同位阶梯发展与整体综合发展的特色培养目标素养体系，着力培养具有学校特质的人，成为既有"中国灵魂"又有"世界眼光"的小公民，直接指向学校课程体系的建构。学校培养目标体系，既是对学校文化底蕴的传承，也是对社会主义核心价值观、学生核心素养的聚焦，有利于引领学校课程育人，落实立德树人的根本任务。

3. 课程层级图

课程是学校培养目标的载体，建构学校本位课程体系是培养具有学校特质学生发展的保障。探索中，我们认识到，课程建设已经走过了"多即丰富"阶段，进入了"结构性设计"阶段。针对本阶段方向，学校着力课程结构的科学性与实效性设计，立足学生核心素养的发展，以学校培养目标对接学校课程，从而建构了学校本位课程——"责立南小、任当世界"课程体系，并形成学校课

图 8-7 重庆市南岸区南坪实验小学课程规划课程层级图

程层级图（图 8-7）。

"责立南小、任当世界"课程，围绕"两条主线、三个层面"架构。两条主线，一是"责立南小"，二是"任当世界"，分别统整国家、地方和校本课程，形成基础性课程、拓展性课程与探索性课程。基础性课程面向全体学生，满足国家课程、地方课程与校本基色课程（南精灵责任担当课程）的要求，为学生发展夯实基础与打下重庆市南岸区南坪实验小学的烙印提供课程保障；拓展性课程面向个性化发展的学生，满足学生对课程选择性需求，包含学科拓展课程、责任担当与国际理解课程，为发展个性、培养特质提供课程保障；探究性课程面向学有余力与兴趣的学生，满足特长发展与创新的需求，包含项目学习与社本课程等，为发展学生特长与培养创新能力提供课程保障。两条主线既独立又交错合力形成"责立南小、任当世界"课程的三个层次体系。一是国家课程本位化，将"中国灵魂"和"世界眼光"两大核心元素以整合与拓展的方式融合到国家课程中和校本课程中，形成具有特质的学校本位基础性课程，以满足国家、地方和校本基色课程要求；二是地方课程综合化，围绕"中国灵魂"和"世界眼光"两大主题，综合地方课程形成基于重庆市南岸区南坪实验小学学生发展特质的学科拓展性课程、责任担当与国际理解课程，以满足学生对课程选择的需求；三是校本课程品质化，立足"中国灵魂"和"世界眼光"两大核心提升校本课程内涵，形成基于学生特长发展与探索创新的项目课程、社本课程等，以满足学生特长发展与探索创新的需求。

4. 课程群图

学校课程结构层次确定后，立足"中国灵魂"与"世界眼光"两大培养目标，依据基础性课程、拓展性课程与探究性课程的指向，学校对原有国家课程、地方课程、校本课程进行系统梳理，实施有效整合，做好课程建设的减法；对学生个性需求发展课程、特长发展课程与创新能力培养课程进行有效架构与补充，实施优质精品化打造，做好课程建设的加法。从而在对学校课程系统性设计中，构建了学校课程群图（8-8）。

领域	基础性课程	拓展性课程			探究性课程
		学科拓展	责任担当	国际理解	
语言与人文	语文 英语 道德与法治	小古文 绘本 阅读	校史 国学堂 传统美德 红岩精神 历史典故	五彩生活 四海航空 拥抱世界	群阅读项目 梦想团队 班级秀项目
数学	数学			智慧海洋	PBL 项目
艺术与审美	音乐 美术	书法 版画	戏剧 民乐 国画	管乐	芭蕾舞项目
体育与健康	体育 健康	三跳 田径	武术 乒乓球	跆拳道 啦啦操	足球项目
综合与科学	科学 信息技术 综合实践 南精灵责任担当	科技 手工		DI 机器人	小课题项目
学习状态	必修	限制选修＋选修			选修

（竖排文字：责力南小　任当世界）

图 8-8　重庆市南岸区南坪实验小学课程规划课程群图

学校课程群图立足课程目标与培养目标的一致、课程理念与办学理念的融合、课程特色与学校特色的叠加、课程建设与师生发展的同步、课程自主自律与自觉自信的发展。学校在规划课程时，从横向将课程划分为基础性课程、拓展性课程和探究性课程，其基础性课程包括国家课程、地方课程与校本基色课程（南精灵责任与担当）；拓展性课程包括学科拓展课程、责任担当课程、国际理解课程；探究性课程包括项目课程。从纵向将课程划分为语言与人文、数学、艺术与审美、体育与健康、综合与科学五大领域。并依据课程知识联系、素养习得、认知维度等对课程进行全面规划，在纵横交错中确立课程坐标，形成学校课程群，实施对课程的系统性设计。学校课程群图的系统性设计，既有对国家课程、地方课程的划归与强化，为课程整合提供了路径；又有对校本课程的架构与定位，如将"南精灵责任与担当"课程定位为基础性课程，旨在学生通过学习形成具有学校文化根基的特质，为每一个学生打下学校的烙印。在课程群图中，我们把学生学习各类课程的方式定位为学习状态，学习状态分为必修、限制选修和选修三种，必修在于夯实基础与底蕴，限制选修在于让学生必须参与学习的课程，具有共性要求与强制，选修在于培养学生个性、特长与创新能力，具有自主性与发展性，通过三种方式使学生综合素养得到全面发展，成为具有"中国灵魂、世界眼光"的小公民。

5. 课程设置表

表8-3 重庆市南岸区南坪实验小学课程规划课程设置表

	课程类别		学 科	课时
责立南小　任当世界　课程	基础性课程		语文、英语、道德与法治、数学、科学、音乐、美术、体育、健康、信息技术、综合实践、南精灵责任担当	550
	拓展性课程	学科拓展课程	小古文、绘本、阅读、科技、书法、版画、三跳、田径、手工	40
		责任课程	校史、国学堂、传统美德、红岩精神、历史典、民乐、国画、戏剧、武术、乒乓球	
		国际理解课程	五彩生活、四海航空、拥抱世界、智慧海洋、管乐、DI、机器人、跆拳道、啦啦操	
	探究性课程		群阅读项目、梦想团队项目、班级秀项目、PBL项目、芭蕾舞项目、足球项目、小课题项目	10

学校课程设置表是对课程层次与课程群的具体化，是课程顶层设计后的执行具象。为此，学校围绕建立的课程群从集团统一的角度出发，以基础性课程、拓展性课程、探究性课程为板块，将课程依次列入相应板块，并系统核算三类课程的总课时数，从而构建了学校课程设置表（表8-3）。

基础性课程为全校学生必修课程，由国家课程、部分地方课程、校本基色课程（南精灵责任担当）组成，我们依据国家课程不得少于总课时数的85%，地方课程占10%，校本课程占5%的课时比例，设置基础性课程学期总课时数为550课时，其中语文、英语、道德与法治、数学、科学、音乐、美术、体育等总课时为510课时，健康、信息技术、综合实践、南精灵责任担当总课时为40课时，其课时总数约占学期总课时数的92%。拓展性课程，由部分地方课程、校本课程组成，我们设计为总课时40课时，即20课时为限制选修课程，20节为选修课程，选修课程为每周固定走班完成，其课时总数约占学期总课时数的6.5%。探究性课程由项目课程组成，我们设计的总课时为10课时，约占学期课时总数的1.5%，这类课程除学校设计课时外，还应增加课外活动时间、校外活动时间，以此形成学校、家庭、社会共同育人格局。重庆市南岸区南坪实验小学是一所"一校九点"集团化办学的学校，学校课程设置表是各校区进行课程再规划与执行的重要依据，以确保集团课程发展的共性；各校区在自觉执行学校课程体系中，基础性课程课时总数必须保持不变，而拓展性课程、探究性课程在学校课程设置上，可结合校区文化底蕴与特色打造的实际进行选择实施，或自主开发课程实施，以确保校区课程个性与特色发展，形成"一校一品"。

6. 课时安排表

表 8-4　重庆市南岸区南坪实验小学课程规划课时安排表

		周课时						说明
		一	二	三	四	五	六	
基础性课程	语　文	5	5	5	5	5	5	
	数　学	5	5	4	4	4	4	
	英　语	3	3	3	3	3	3	
	音乐（唱游）	2	2	2	2	2	2	
	体　育	3	3	3	3	3	3	
	美　术	2	2	2	2	2	2	
	道德与法治	3	3	2	2	2	2	
	科　学	0	0	2	2	2	2	
	体育与健康	1	1	1	1	1	1	
	信息技术	0	0	1	1	1	1	
	综合实践	0	0	1	1	1	1	
	南精灵责任担当	1	1	1	1	1	1	
拓展性课程	学科拓展课程 手工	1	1	0	0	0	0	
	小古文	0.5	0.5	0.5	0.5	0.5	0.5	
	绘本	0.5	0.5	0.5	0.5	0.5	0.5	
	阅读	1	1	1	1	1	1	与基础课程合并执行
	科技	0.5	0.5	0.5	0.5	0.5	0.5	
	书法	0.5	0.5	0.5	0.5	0.5	0.5	
	版画	0.5	0.5	0.5	0.5	0.5	0.5	
	三跳	0.5	0.5	0.5	0.5	0.5	0.5	
	田径	0.5	0.5	0.5	0.5	0.5	0.5	
	责任担当课程 南精灵知校史	每学月 1 小时						每学期单周红领巾广播站
	国学堂	1	1	1	1	1	1	每周五下午课外活动（走班）
	国画社	1	1	1	1	1	1	每周五下午课外活动（走班）
	民乐社团	1	1	1	1	1	1	每周五下午课外活动（走班）
	红岩精神伴成长	每学月 1 小时						学校、社会、家庭结合安排

续表

			周课时						说明
			一	二	三	四	五	六	
拓展性课程	责任担当课程	学点中国历史典故	每周 0.5 课时						每周二午会每周家庭读书活动
		传统美德	每周 1 课时						每周二早间安排每周家庭读书活动
		戏剧	每周 1 课时						下午课外活动
		武术	每周 1 课时						下午课外活动
		乒乓球	每周 1 课时						每周五下午课外活动（走班）
	国际理解课程	管乐	每周 1 课时						每周五下午课外活动（走班）
		五彩生活	每周 1 课时						每周五下午课外活动（走班）
		四海航空	每周 1 课时						每周二下午课外活动时间
		拥抱世界	每学月 1 课时						每学月第二周星期三下午课外活动时间
		走向世界	每学月 1 课时						每学月第三周星期三下午课外活动时间
		DI	每周 1 课时						每周五下午课外活动（走班）
		智慧海洋	每周 1 课时						每周三午间活动
		机器人	每周 1 课时						每周五下午课外活动（走班）
		跆拳道	每周 1 课时						每周五下午课外活动（走班）
		啦啦操	每周 1 课时						每周五下午课外活动（走班）
探究性课程		梦想团队项目	每周 1 课时						每周五下午
		班级秀项目	每学月 1 课时						每学月最后一个周五下午
		PBL 项目	每周 1 次						每周三中午
		群阅读项目	每周完成 1 次						与家长共同完成
		社会实践项目	每月 1 次						周日完成
		小课题项目	每期 1 项						节假日、假期完成

学校课时安排表是课程执行的具体体现，更是课程改革推进的有力保证。为此，学校以课程设置表中三类课程总课时数为根据，充分研读各级课时计划，并从学科出发核定周课时数，从而形成了学校课时安排表（表 8-4）。

在执行课时安排表时，我们把学科拓展课程整合到基础性课程合并执行，而责任担当课程与国际理解课程基本为选修走班课程，学生可以根据学校提供的课程设置表进行选择学习，探究性课程基本上安排在课程外活动时间完成，以确保不加重学生校内学习时间。学校课时安排表具有集团的统一要求，即各校区必须保证基础性课程执行不动摇，拓展性课程、探究性课程坚持主体下的自己选择执行，对课时安排表进行个性调整，但总课时量不得增减。同时各类课程必须认真执行，在实施中突出国家课程校本化、地方课程综合化、校本课程品质化的关系，促进教师课程理念与行为全面转变，整体推进学校课程与课堂教学综合改革。

(三)综合案例3：重庆市南岸区珊瑚实验小学可视化课程规划

重庆市南岸区珊瑚实验小学是重庆市首批示范小学，创办于1986年，新校区现位于重庆市南岸区南坪商圈，学校占地面积近60亩，现有班级71个，教职工216名。其中，有全国先进工作者1名，全国优秀班主任1名，享受国务院津贴的教师1名，特级教师5名，正高级教师1名，高级教师14名，市区级骨干教师52名。在多年不断地探索与发展中，学校形成了以珊瑚浦辉、珊瑚康恒、珊瑚中铁、珊瑚鲁能小学一体办学的集团化办学模式。

学校秉承"珊瑚最红，孩子最亲"的办学理念，以亲近孩子成长需要为核心，构建并实施了"亲亲校园""亲亲课程""亲亲课堂""亲亲德育""亲亲团队"的"亲亲教育"体系，《亲和 亲证 亲在——珊瑚实验小学亲亲课程的探索与实践》以及《亲亲课堂概论》分别于2015年、2011年由人民教育出版社、世界图书出版公司出版。学校被评为"全国文明校园"；是教育部等七部委联合授予的"科技教育创新十佳学校"；是教育部授予的"全国学校艺术教育先进单位"；曾获得全国首届基础教育教学成果二等奖；多次获得重庆市基础教育教学成果一等奖。

1. SWOT战略分析图

学校从宏观的国家背景、区域背景、学校背景等各方面对学校的校情、学情进行了分析。其中S—W—O—T四方面相辅相成，现有的一些资源和条件只有得到很好的利用才能够变为优势，否则可能会成为学校发展的障碍；同样，国家、区域等提供的一些机遇如果没有很好地把握，也可能会使学校面临更多的挑战。

与一期课改相比，二期课改在对学校SWOT分析中(图8-9)，"优势"板块，变化最大的是学校初步形成了科技教育、艺术教育、体育教育三大素质教育平台；"亲亲教育"的模式理念更加明确，路径更加清晰，学校亲亲教育的文化建设逐渐深入人心。"劣势"板块，变化较大的是"集团化办学，学校规模的扩大，以及教师评职支教的要求，优秀的师资力量不断被分散；青年教师占了学校教师团队的较大比例，且还没有成熟发展起来"。"机会"板块，最突出的

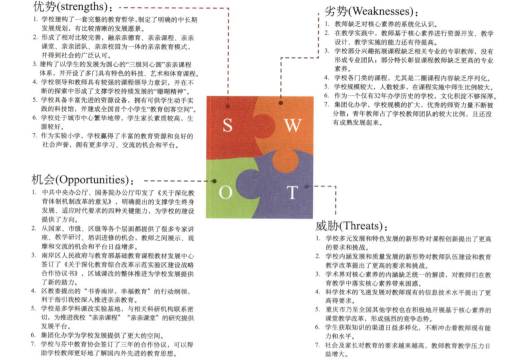

优势(strengths)：
1. 学校建构了一套完整的教育哲学,制定了明确的中长期发展规划,有比较清晰的发展愿景。
2. 形成了相对比较完善,融亲亲师育、亲亲课程、亲亲课堂、亲亲团队、亲亲校园为一体的亲亲教育模式,并得到社会的广泛认可。
3. 建构了以学生的发展为圆心的"三级同心圆"亲亲课程体系,开开设了多门具有特色的科技、艺术和体育课程。
4. 学校领导和教师具有较强的课程领导力意识,并在不断的探索中形成了支撑学校持续发展的"珊瑚精神"。
5. 学校具备丰富先进的资源设备,拥有可供学生动手实践的科技馆,并建成全国首个小学生"教育创客空间"。
6. 学校处于城市中心繁华地带,学生家长素质较高,生源较好。
7. 作为实验小学,学校赢得了丰富的教育资源和良好的社会声誉,拥有更多学习、交流的机会和平台。

劣势(Weaknesses)：
1. 教师缺乏对核心素养的系统化认识。
2. 在教学实践中,教师基于核心素养进行资源开发、教学设计、教学实施的能力还有待提高。
3. 学校部分兴趣拓展课程缺乏相关专业的专职教师,没有形成专业团队;部分特长彰显课程教师缺乏更高的专业素养。
4. 学校各门类的课程,尤其是二圈课程内容缺乏序列化。
5. 学校规模较大,人数较多,在课程实施中师生比例大。
6. 作为一个仅有32年办学历史的学校,文化积淀不够深厚。
7. 集团化办学,学校规模的扩大,优秀的师资力量不断被分散;青年教师占了学校教师团队的较大比例,且还没有成熟发展起来。

机会(Opportunities)：
1. 中共中央办公厅、国务院办公厅印发了《关于深化教育体制机制改革的意见》,明确提出的支撑学生终身发展、适应时代要求的四种关键能力,为学校的建设提供了方向。
2. 从国家、市级、区级等各个层面都提供了很多专家讲座、教学研讨、培训进修的机会,教师之间展示、观摩和交流的机会和平台日益增多。
3. 南岸区人民政府和教育部基础教育课程教材发展中心签订了《关于深化教育综合改革示范实验区建设战略合作协议书》,区域课改的整体推进为学校发展提供了新的助力。
4. 区教委提出的"书香南岸、幸福教育"的行动纲领,利于指引我校深入推进亲亲教育。
5. 学校是多学科课改实验基地,与相关科研机构联系密切,为推进我校"亲亲课程""亲亲课堂"的研究提供发展平台。
6. 集团化办学为学校发展提供了更大的空间。
7. 学校与芬中教育协会签订了三年的合作协议,可以帮助我校教师更好地了解国内外先进的教育思想。

威胁(Threats)：
1. 学校多元发展和特色发展的新形势对课程创新提出了更高的要求和挑战。
2. 学校内涵发展和质量发展的新形势对教师队伍建设和教育教学改革提出了更高的要求和挑战。
3. 学术界对核心素养的内涵缺乏统一的解读,对教师们在教育教学中落实核心素养带来难度。
4. 科学技术的飞速发展对教师现有的信息技术水平提出了更高要求。
5. 重庆市乃至全国其他学校也在积极地开展基于核心素养的课堂教学改革,形成强烈的竞争态势。
6. 学生获取知识的渠道日益多样化,不断冲击着教师现有能力和水平。
7. 社会及家长对教育的要求越来越高,教师教育教学压力日益增大。

图 8-9　重庆市南岸区珊瑚实验小学课程规划 SWOT 战略分析图

是《关于深化教育体制机制改革的意见》中对四种关键能力的提出,为学校的发展提供了发展的方向。"威胁"板块,最突出的是随着南岸区课改项目的逐步推进,很多学校在课程建设、课堂教学等方面有了突飞猛进的进步,学校在这些方面的优势不断削减,这就要求学校锐意创新、不断进取,只有更加努力才能在改革的大军中突起。

2. 培养目标图

结合学校的办学理念、小学阶段的任务以及小学生的特点,学校将学校的育人目标确定为：亲于做人、善于学习、敢于创造、趣于生活(图 8-10)。

"亲于做人",旨在让学生会"爱",包括：①诚实守信,这是爱自己的表现,强调知错就改,做最好的自己；②尊重他人,这是爱他人的表现,强调乐于合作,看重他人的优点；③热爱集体,这是爱集体的表现,强调集体意识,不仅做到班级认同和学校认同,而且做到国家认同和民族认同；④爱护自然,这是爱人类的表现,强调国际理解,树立环保意识和可持续发展理念。

"善于学习",旨在让学生会"学",包括：①充满好奇,主要针对自然现象，强调对自然事物的好奇心和探究意识；②敢于质疑，主要针对书本知识，强调独立思考，不迷信权威观点；③勤于积累，表现为良好的学习习惯，强调坚持不懈地学习各方面的知识；④自主调节，表现为灵活的学习策略，强调自主、体验和探究。

图 8 - 10　重庆市南岸区珊瑚实验小学课程规划培养目标图

"敢于创造"旨在让学生敢"创"，包括：①关注需求，根据需求产生自己的想法；②大胆想象，敢于发表自己的想法；③动手实践，能够将自己的想法大胆付诸实际行动；④开源分享，不仅愿意分享自己的成果，而且愿意分享自己的经验。

"趣于生活"旨在让学生懂"趣"，包括：①具备一定的文化修养，在国家课程的基础上，扩大自己的阅读量；②形成健康的生活方式，做到健康饮食、合理作息，参加三种以上的体育活动；③养成积极的生活态度，对生活保持乐观的情绪，对未来充满信心；④培养健康的审美情趣，做到喜爱一种艺术形式，掌握两种技术工具，发展一项突出特长。

3. 课程层级图

亲亲课程围绕学生发展形成三级同心圆（图 8 - 11）。学生发展是课程的"圆心"，第一级同心圆为基础学力课程，第二级同心圆为体验拓展课程，第三级同心圆为特长彰显课程。其中，前两级同心圆课程是面向全体学生全面发展的课程，第三级同心圆课程是面向学有余力的学生拔尖创新的课程。"三级同心圆"课程向人与自我、人与自然、人与社会、人与文化等学生成长的四个维度展开，从而形成亲亲课程体系。也就是说，每一类课程都包括这四个维度，并向外延伸，构成"亲近学生、适合学生、发展学生"的亲亲课程学习世界。

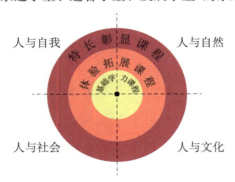

图 8 - 11　重庆市南岸区珊瑚实验小学课程规划课程层级图

　　亲亲课程实施的主体是学生，学生居于课程的中心，一切课程要素都要聚焦学生。课程围绕"人"的发展向周围扩散，但在学生成长的四个维度上，学校经历了不断的讨论和探索。最初，学校认为学生成长的过程是不断认识自我、认识社会的过程，在这个过程中离不开与他人交往互动，因此，学生的成长应向"人与自我""人与他人""人与社会"三个维度扩散。可是围绕学校"亲于做人、善于学习、敢于创造、趣于生活"的育人目标，在实施的过程中逐步发现，在小学阶段，培养学生对文化知识、对自然存在的好奇心更是基础教育阶段学生可持续能力培养的重中之重，而且与他人的交流其实就是社会交往的一部分。因此，在此基础上，学校将"人与他人"合并在"人与社会"中，并增加了"人与自然"与"人与文化"。至此，学生的课程内容沟通了各门类课程之间的关系，形成了一个整合的有机体。

4. 课程群图

　　重庆市南岸区珊瑚实验小学课程规划课程群图(图 8 - 12)，包括以下几方面的内容。

　　基础学力课程囊括所有国家规定的课程，这是学校课程建设的起点，着重培养学生的基本素质和基础能力，为提高学生的发展性学习和创造性学习做准备。

　　体验拓展课程包括两个方面的内容：①生活体验课程。主要由学生个人生活、家居生活和社会生活构成，目的在于培养学生学会做人、学会共同生活，学会动手实践，参与社会活动。这类课程属于每个学生必修。②兴趣拓展课程。是由学生所学内容延伸拓展出来的体验课程，这是学校课程建设的发展点，着力培养学生的兴趣爱好和创造能力，具体包括了语言类兴趣课程、科技类兴趣课程、体育类兴趣课程、艺术类兴趣课程、思维类兴趣课程。这类课程属于学生根据学习兴趣、基础等选修的课程。

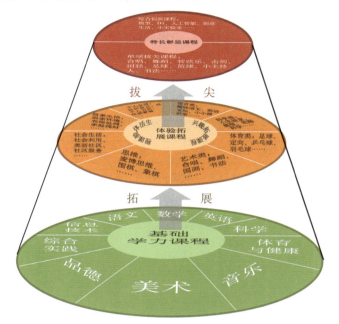

图 8 - 12　重庆市南岸区珊瑚实验小学课程规划课程群图

特长彰显课程是让学有余力和具有特长潜质的拔尖学生参与，着力培养拔尖创新后备人才。包括了体育、科技、艺术等类型的单项拔尖课程，以及整合科技、艺术等课程的综合创新课程两种类别。

体验拓展课程、特长彰显课程的内容并不是一成不变的，而是根据时代的发展以及不同学生的发展需求，与时俱进不断地优化课程内容。比如，在生活体验课程中的个人生活类别中，增设了职业生涯课程；在居家生活板块，增设了创意家居课程；在社会生活板块中，增设了茶艺生活、再生资源利用、探寻非物质文化遗产等课程；在兴趣拓展课程中的科技类兴趣类别中，增设超级建筑师、炫酷科学、奇松积木等课程；在艺术类兴趣板块，增设管弦乐、戏剧、柯达伊合唱等课程；在思维类兴趣板块，增设了麦博思维课程等。

5. 课程设置表

学校立足于三级同心圆的课程体系，根据上级教育主管部门的文件精神拟订课程计划执行方案、制定总课程表和班级课程表(表8-5)。在课程设置上，遵循国家课程为主，体验拓展课程和特长彰显课程为辅的原则，均衡设置。同时，突出课程的丰富性和综合性，增强学生课程的选择性。另外，根据年段的不同，设置的课程也不同。同时，在国家课程的基础上，为了更好地锻炼学生的耐久跑，学校在体育课程中校本开发了"定向"课程；为了在音乐教学中培养学生的团队合作意识，提升学生的审美情趣，学校校本开发了"合唱"课程；在体育课程中，为了更好地培养学生与他人合作的能力，开设了"篮球"课程；为了更好地引导学生关注社会发展和需求、大胆想象、勇于发表自己的想法，培养学生的信息素养，学校在三至六年级全面开展机器人编程教学。

表8-5 重庆市南岸区珊瑚实验小学课程规划课程设置表

课程 年级		一年级	二年级	三年级	四年级	五年级	六年级
课程类别	基础学力课程	语文，数学，书法，英语，体育(定向、篮球)，音乐(合唱)，美术，艺术活动，信息技术					
		科技活动		科技活动、科学			
		道德与法治	品德与生活	品德与社会			
				综合实践、机器人编程			
	体验拓展课程	生活体验课程	必修	个人生活：认识自己、仪表着装、个人卫生…… 居家生活：居家环境、衣物处理、家庭理财…… 社会生活：社会利用、美丽社区、社区服务……			
		兴趣拓展课程	选修	语言类：趣味语文、英语交际、小小演讲家…… 科技类：小实验家、模型、炫酷科学…… 体育类：足球、篮球、定向、乒乓球、羽毛球…… 艺术类：合唱、舞蹈、国画、书法…… 思维类：麦博思维、围棋、象棋……			
	特长彰显课程	单向拔尖课程	合唱、舞蹈、管弦乐、击剑、田径、足球、篮球、小主持人、书法……				
		综合拔尖课程	模型、DI、人工智能、轻松发明、创意生活、小实验家……				

6. 课时安排表

只有为每门课程的实施提供时间和平台，设置的课程才不会成为一种摆设，于是为了保障开设的课程真正落实到教学实践中去，学校规定了每门课程的课时量，并在严格执行重庆市教学计划的基础上，适当进行了一些校本化的

表 8-6 重庆市南岸区珊瑚实验小学课程规划课时安排表

	科目	一、二年级 周课时	三、四年级 周课时	五、六年级 周课时
国家 课程	品德	3	2	2
	科学		2	2
	语文	5	5	5
		书法 1		
	数学	4	4	5
	外语		3	3
	体育/健康	3	3	3
	艺术或音乐美术	3	3	3
	综合实践		综合 1	综合 1
			信息 1	信息 1
体验 拓展 课程	语言类(英语)	1	1	
	思维类	1	1	1
	体育类	1	定向 1	篮球 1
	书法	1	1	1
	艺术	1	1	1
	奇松积木	1	科技 1	科技 1
	手工	1		
	选修	2	2	2
	周总课时	26	30	30

调整。从表 8-6 可以看出：

(1)国家课程是核心，我们充分保证国家课程的课时量。一、二年级国家课程占到了总课时的 73.1%，三、四年级以及五、六年级分别达到了周总课时的 80% 和 83.3%。

(2)一至六年级每周都安排了两节课的体验拓展选修课。

(3)特长彰显课程安排在两节体验拓展课选修时间以及放学后。

(4)晨会、班队会、科技文体活动等，由学校自主安排。

(5)综合实践活动(自三年级开始设置，每周平均 2 课时)主要包括：信息技术教育、研究性学习、社区服务与社会实践及劳动与技术教育。

(6)除国家规定课程外，学校结合实际安排地方或校本课程，如：法制教育、文明礼貌教育、安全教育、心理健康教育、环境教育、禁毒教育等课程，由学校根据要求实际合理分散或集中安排。

(四)综合案例 4：重庆市珊瑚初级中学可视化课程规划

重庆市珊瑚初级中学创建于 1990 年，是南岸区三年制公办初级中学、重庆市首批示范初中。学校现有南坪步行街、明佳路、江南新城三个校区，现有教学班 57 个、学生 2,905 人、教职工 213 人，其中市区学科带头人、骨干教师 57 人，高级教师 67 人，市区优秀教师、优秀教育管理者、优秀班主任、名教师等 76 人。

办学以来，学校历经"创基业，谋发展""创特色，展示范""集团化，固品牌"三个阶段。在"和而不同，多彩共生"的学校精神影响下，学校以"多彩珊瑚，精彩人生"为办学理念、"多彩校园"为办学目标，形成了"本色做人，精彩做事"的校训、"言雅行善，神彩飞扬"的校风、"德厚才高，光彩照人"的教风、"品正学广，异彩绽放"的学风，培养了一批批"人格健全、基础宽厚、适应发展"的多彩少年，实现"多彩教育"的办学特色。学校先后荣获重庆市最佳文明单位、重庆市市长创新奖培育学校、全国初中质量建设先进单位、全国青少年计算机科技创新实践教育示范基地、全国管理创新品牌学校、全国初中教育创新成果奖等荣誉。

1. SWOT 战略分析图

为有效推进二期课程教学改革，基于师生发展需求，学校借助"SWOT 分析"工具，抽样组织两百余名师生、家长，从"学校情况、课程结构、课程实施、课程评价和教师发展"等进行访谈、问卷调查，以集中学校师生、家长的智慧，为学校课程改革献计谋策。学校课程领导力建设小组结合"SWOT"分析结果，分别从"SO""ST""WO""WT"四个方面进行战略分析，为课程规划与实施、提供适切的课程的基石（图 8 - 13）。

2. 培养目标图

学校为满足学生个性及全面发展需求，结合"中国学生发展核心素养"，定位珊瑚中学学生素养培育目标：以"品正学广，异彩绽放"为学风，以"多彩少年"为育人目标，培养"有品质、会学习、善参与"的珊瑚中学学子，促进每位学生全面、优质、多元发展（图 8 - 14）。

有品质，是培养学生的必备品格。培养学生文明礼仪方面有形象、有品德、有担当。做到"仪表有形象，行为有品德，行动有担当"。

会学习，是培养学生的文化基础。培养学生在学习方面会自主、会合作、会探究。做到会利用自主式学习、合作式学习、探究式学习，养成一定的读写能力，会发现、提出和思考问题的解决方案，具备在学习和交流中与人合作的能力。

善参与，是培养学生的关键能力。培养学生在实践活动方面善应用、善实践、善创新。做到善于应用所学知识解决学习和生活中的常见问题，善于通过活动参与生产劳动和社会实践等，善于在学科素养培育过程中具有质疑批判精神、具有一定的创新意识并参与到优化实践活动中。

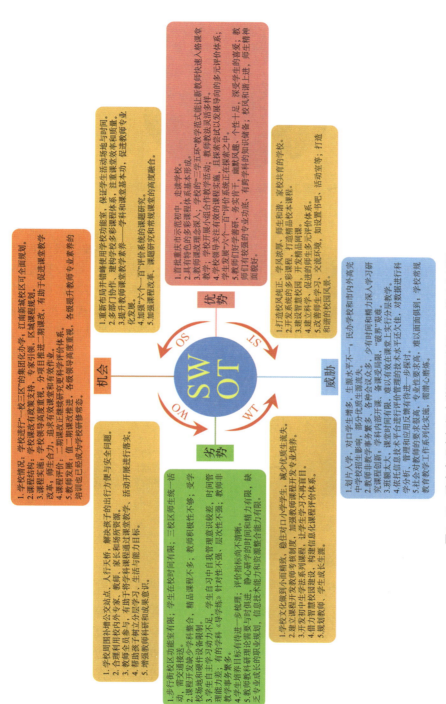

图8-13　重庆市珊瑚初级中学课程规划SWOT战略分析图

图 8 - 14 重庆市珊瑚初级中学课程规划培养目标图

3. 课程层级图

基于学生素养的培育和未来的发展，根据国家、地方、学校三级课程管理体系，在课程结构的建构基础上，学校分层级进行课程设置。学校构建出了"基础课程"（国家基础课程）、"拓展课程"（兴趣拓展课程）和"发展课程"（自主特长课程）三级多彩课程体系（图 8 - 15）。学校基本实现基础课程全员化实施，拓展课程校本化构建，发展课程特色化发展，以满足学生个性需求和学生的能力发展。

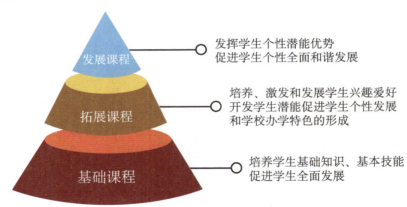

图 8 - 15 重庆市珊瑚初级中学课程规划课程层级图

基础课程，涵盖教育部要求学段必须开设的所有学科课程，旨在培养学生的文化基础（学习力），培养学生获得文化基础和必要的技能奠基，促进学生全面发展。基础课程重点掌握学科的核心概念、主干知识和思想方法，培养学生综合运用知识研究问题、解决问题的能力和勇于实践、不断探索的创新精神。

拓展课程，一是针对学生学习力的不同对国家课程进行整合和开发的课程；二是针对学生的兴趣和需求，充分利用校内、校外资源，合理建构的适合不同学生需求的课程；三是针对学生的特长发展而开发的专项课程，旨在培养学生的必备品格和基本技能（参与力）。拓展课程实行选课"走班"制，力求体现学校的办学特色和学生的发展需求，课程内容丰富、多元，为学生的全面发展奠基，形成学校办学特色。

发展课程，旨在培养学生的创新精神（创造力）的课程，重点开发实践创新课程和学科拓展课程，形成模块课程、主题课程、微型课程等不同形式。通过学科探究、社团活动等开展实践研究，为学生创新和潜能发展搭建平台，有助于学生全面而有个性的成长，使学生的潜能得到高端发展。

4. 课程群图

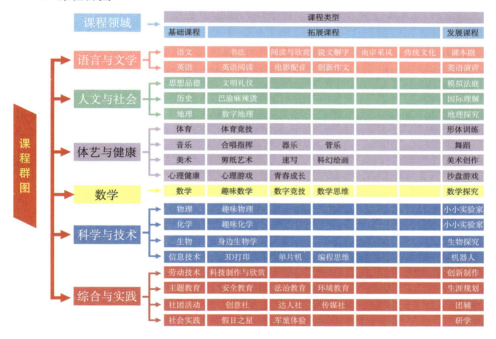

图 8 - 16　重庆市珊瑚初级中学课程规划课程群图

学校根据教育部《义务教育国家课程设置实施方案》对七至九年级学段课程设置的基本要求，结合重庆市九年义务教育学校课程设置的文件精神，采取"自下而上"和"自上而下"的策略，在对校情、学情进行 SOWT 战略分析基础上，结合教育部《普通高中课程方案》对课程领域的划分，将多彩课程设置为语言与文学、人文与社会、体艺与健康、数学、科学与技术、综合与实践六大领域（图 8 - 16）。

其中语言与文学领域涵盖语文、英语学科，人文与社会领域涵盖思想品德、历史、地理学科，体艺与健康领域涵盖音乐、美术、体育、心理健康学科；

数学领域涵盖数学学科；科学与技术领域涵盖物理、化学、生物、信息技术等学科；综合与实践领域涵盖劳动技术、主题教育、社团活动、社会实践等课程。

结合课程层级，基础课程涵盖国家要求初中学段开设的全部课程，七年级10门学科、八年级11门学科、九年级10门学科；拓展课程涵盖学科兴趣课程，老师申报、学生选课，其中比较稳定的拓展课程，语言与文学课程8门、人文与社会课程3门、数学课程3门、体艺与健康课程9门、科学与技术课程5门、综合与实践课程9门；发展课程涵盖学科拓展课程和特长课程，已经稳固的学科拓展课程有7门，特长课程有6门。拓展课程和发展课程随着学生的需求，会不定期地进行适当调整。

5. 课程设置与课时安排

根据教育部对初中学段课程设置的基本要求，结合重庆市九年义务教育学校课程设置的文件精神，学校对课程的内容进行有机整合，对课程总学时按年级进行科学的规划和合理的安排：七年级，基础课程的学时总量不低于85%，拓展课程不超过10%，发展课程不超过5%；八年级，基础课程的学时总量不低于80%，拓展课程不超过15%，发展课程不超过5%；九年级，基础课程的学时总量不低于75%，拓展课程不超过15%，发展课程不超过10%。按此比例学校对每学年、学期的课程总学时进行核算，并将所有课程的学时按长、短课时科学合理分配到每学期，根据每学期的时长不同进行有机调整，制定学校课程设置总表和分年级课程设置表（表8-7）。

表 8-7 重庆市珊瑚初级中学课程规划课程设置表

课程		基础课程	拓展课程					发展课程
			七年级上期	七年级上期	八年级上期	八年级上期	九年级上期	
多彩少年	人文素养	语言文字	语文1*语文2	传统文化光影世界说文解字学法指导1书法1	疯狂名人阅读时光快乐书法学法指导2书法2	阅读时光南岸采风疯狂名人学法指导3书法3	阅读时光南岸采风疯狂名人学法指导4书法4	阅读理解拓展训练学法指导5书法5	课本剧国际理解
			英语1*英语2	电影配音英语剧团希腊神话学法指导1	电影配音英语剧团希腊神话学法指导2	英语阅读演讲与口才学法指导3	英语阅读演讲与口才学法指导4	创新作文拓展训练学法指导5	英语演讲国际理解
		人文社会	思品*	文明礼仪	时政播报	文明礼仪	模拟法庭	时政播报	模拟法庭
			历史*	巴渝文化1	巴渝文化2	巴渝文化3	巴渝文化4	/	国际理解
			地理*	数字地理1	数字地理2	数字地理3	数字地理4	/	小小实验

续表

课程		基础课程	拓展课程					发展课程
			七年级上期	七年级上期	八年级上期	八年级上期	九年级上期	
多彩少年	人文素养	艺术	音乐* 合唱指挥1 器乐1	合唱指挥2 器乐2	合唱指挥1 器乐3	合唱指挥1 器乐4	/	舞蹈 管乐
			美术* 剪纸艺术1 电脑绘画1	剪纸艺术1 电脑绘画2	人物速写1 科幻绘画1	人物速写2 科幻绘画2	/	DI项目 国际理解
		体育与健康	体育* 田径技能1 乒乓技能1 篮球技能1 啦啦操/ 健美操1	田径技能2 乒乓技能2 篮球技能2 啦啦操/ 健美操2	田径技能3 乒乓技能3 篮球技能3 啦啦操/ 健美操3	田径技能4 乒乓技能4 篮球技能4 啦啦操/ 健美操4	技能训练	球类 田径类 艺术操 其他
			心理健康* 心理游戏1	心灵游戏2	青春成长1	青春成长2	励志教育	沙盘游戏
	科学素养	数学	数学1 数学2 趣味数学1 头脑风暴1 竞技场1 学法指导1	趣味数学2 头脑风暴2 竞技场2 学法指导2	趣味数学3 头脑风暴3 竞技场3 学法指导3	趣味数学3 头脑风暴3 竞技场3 学法指导4	拓展训练 学法指导5	数学魔方 数学探究
		物理	物理1* 物理2	/	/	小小实验1 趣味物理1	小小实验2 趣味物理2	拓展训练 小小实验	科技论文 小小实验
		化学	化学*	/	/	/	/	小小实验	小小实验
		生物	生物 探索身边生物学1	探索身边生物学2	探索身边生物学3	探索身边生物学4	/	小小实验
		信息	信息技术* 3D打印1 单片机1 科技制作1	3D打印2 单片机2 科技制作2	3D打印2 单片机2 科技制作3	3D打印2 单片机2 科技制作4		机器人 创新发明
	综合实践	主题活动	主题班会* 文明礼仪1	文明礼仪2	青春期教育1	青春期教育2	励志教育	
			团队课程 团辅1 文化传承	团辅2 文化传承	入团仪式 团辅3	团辅4 文化传承	入团仪式 团辅5	
			升旗仪式* 爱国主义	爱国主义	爱国主义	爱国主义	爱国主义	
			文明礼仪 行为文化	行为文化	行为文化	行为文化	行为文化	

课程		基础课程	拓展课程					发展课程
			七年级上期	七年级下期	八年级上期	八年级下期	九年级	
多彩少年	综合实践	主题活动						学长制达人社
		专题教育*	安防教育 环境教育 法制教育 传统文化	安防教育 环境教育 法制教育 传统文化	安防教育 环境教育 法制教育 传统文化	安防教育 环境教育 法制教育 传统文化	安防教育 环境教育 法制教育 传统文化	
		学业课程	入学课程*	学长课程	学长课程	学长课程	毕业课程*	
		衔接课程	小初衔接（必修＋选修）				初高衔接（必修＋选修）	
		特色活动 社团活动	艺术社 传媒社 综合实践 创意社	艺术社 传媒社 综合实践 创意社	艺术社 传媒社 综合实践 创意社	艺术社 传媒社 综合实践 创意社	艺术社 传媒社 综合实践 创意社	
		阳光活动	阳光足球 啦啦操	阳光足球 啦啦操	阳光足球 啦啦操	阳光足球 啦啦操	阳光足球 啦啦操	
		实践活动 社会实践*	假日之星*	假日之星*	假日之星*	假日之星*	假日之星*	
		军旅课程*	军旅课程*	/	/	/	/	

注：1. 有＊的课程为必修课程，其余为选修课程；

2. 课程1、2、3为课程的阶梯。

根据学校作息时间和课程设置安排对课程的周课时进行科学合理的设置，按照每天8节（上午5节，下午3节），每节40分钟的时长计算，将学科课程、拓展课程、育德课程、活动课程的学时细化到每周，形成学校课程周课时表。其中：①心理健康教育，综合实践，七年级纳入周课时，八、九年级做专题讲座；②安全教育、法治教育、环境教育等除融合于学科教学或主题班会之外的，课程课时均纳入年级或学校专题讲座；③拓展课程纳入周课时，每节时长60分钟，发展课程不纳入周课时，作为专题讲座和社团活动课程；④专题讲座、社团活动等课程纳入学期总学时合理安排，不进入周课时数，根据课程内容设置长短课时。

（五）综合案例5：重庆市第三十九中学可视化课程规划

重庆市第三十九中学始建于1955年的，占地21,160平方米，建筑总面积13,100平方米。学校现有22个教学班，学生1,000余人。在编教职工84人，其中高中级教师 73 人，市、区级骨干教师 8 人，南岸区兼职教研员 1 人，南岸区学科中心组成员 5 人，南岸区班主任工作站负责人 1 名。

1. 课程建设 SWOT 战略分析图

图 8-17　重庆市第三十九中学课程规划 SWOT 战略分析图

"学校优势"和"发展机遇"两个轴的转动带动"扬长"这个轴转动，"学校劣势"和"发展挑战"两个轴的转动带动"避短"这个轴转动，只有"扬长"和"避短"两个轴灵活转动，"学校课程"这个中心轴才会顺畅地转动（图 8-17）。基于以上对学校课程建设的 SWOT 战略分析，为最大限度实现扬长避短，发挥校内外优势，回避校内外劣势，实现课程建设创新发展。

一是发挥优势。在区域课程改革整体推进的过程中，努力完善学校课程规划，建设诗韵课程特色。利用专家引领和区域教育现代化推进的机会，加强学校现代治理，提升学校课程管理能力。二是回避劣势。加强与兄弟学校课程建设交流，提升学校教师课程意识，促进学校课程实施。加强与社区等利益共同体的联系，充分发掘课程建设资源，完善学校课程建设。

2. 培养目标图

核心素养是学生在接受相应学段的教育过程中，逐步形成的适应个人终生发展和社会发展需要的必备品格与关键能力。根据学校课程建设 SWOT 战略分析情况，结合学校课程建设的实际情况和学生发展目标，建构了基于核心素养的学校培养目标体系。诗韵课程的学生发展目标是培养"文德双修，身心俱健"的儒雅学子，同时也是契合学校的培养目标。根据核心素养的要求和学校的课程建设"自强、自立、自信"的最初的课程体系，优化诗韵课程建设，主要

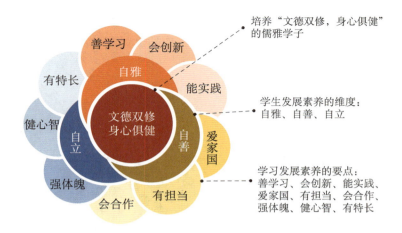

图 8-18　重庆市第三十九中学课程规划培养目标图

从"自雅、自善、自立"三个维度进行培养，具体对应文化基础的自我追求儒雅，社会参与的自我向善，自主发展的自立自强。根据课程标准界定的 36 项核心素养指标，结合学校实际，提出学生发展素养的九大要点：善学习、会创新、能实践；爱家国、有担当、会合作；强体魄、健心智、有特长。三个维度衍生九大要点，九大要点分别对应"自雅、自善、自立"三大维度，彼此相互促进，相辅相成，同时也契合学校"诗韵三九，大雅至善"的办学理念(图 8-18)。

3. 课程层级图

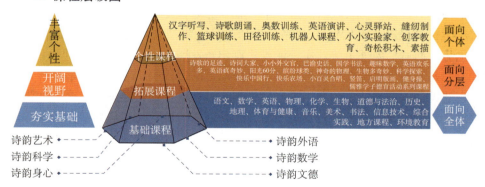

图 8-19　重庆市第三十九中学课程规划课程层级图

　　在确定了基于核心素养的学校培养目标后，结合学校课程特点，形成了学校特色的"诗韵课程"。重庆市第三十九中学创建于 1955 年，学校有诗歌教育的传统，是重庆市诗歌教育先进单位，学校文化以"诗韵"为主题，着力打造诗韵文化特色，因为诗歌的本质揭示了学校教育哲学的内涵，那就是主体、融合与和谐。主体是自我的凸显，融合是自我与他者的交汇，而和谐则是人生的平和与圆满。诗韵课程呈现出以学校培养目标为核心的"三层级六领域"的纵横交错结构，整体呈现金字塔构造的六面棱锥体架构（图 8 - 19）。

从纵向看，分为基础课程、拓展课程和个性课程三个层级。基础课程即国家课程和地方课程，是面向全体学生的夯实基础的必修课程。拓展课程是面向分层学生的校本课程，既有开阔视野的选修课程，也有培养学生素养的德育活动必修课程。个性课程是针对部分学生个体需求而开设的竞赛类和修养类选修课程，丰富学生发展个性。

从横向看，诗韵课程依据学生成长所需素养的领域，结合学校诗韵课程特点，整合为六大课程领域：诗韵文德、诗韵数学、诗韵外语、诗韵科学、诗韵身心、诗韵艺术，六个领域从本质上来说是彼此平等的，各自涵括了学生成长所需要的素养，同时也各自具有独立的操作性，是诗韵课程的整体构成要素，也是培养学生核心素养的必备环节。

4. 课程群图

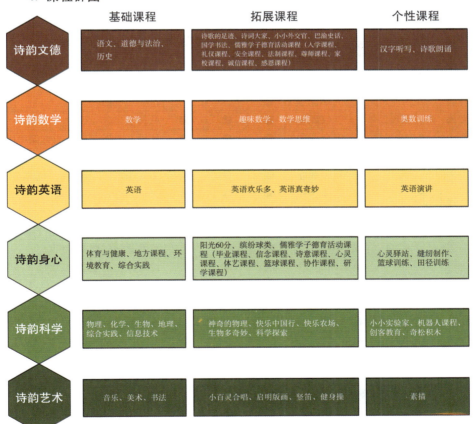

图 8 - 20　重庆市第三十九中学课程规划课程群图

学校诗韵课程"三层级六领域"的整体结构展开后，就形成了 60 余门课程的群（图 8 - 20）。基础课程 17 门，是根据《义务教育课程设置实验方案》和《重庆市关于调整普通中小学课程计划的通知》相关精神设置的。拓展课程 36 门，是基于学生分层而开展的 2+2 校本课程和学校特色的德育活动校本课程。个性课程 13 门，是基于学生竞赛需求和个性发展需求而开展的个性课程。全部课程根据六个领域，从不同角度培养学生发展核心素养。

5. 课程设置表

表 8 - 8　重庆市第三十九中学课程规划课程设置表

课程领域	课程类别	课程内容		课程分层		课时安排
			七年级	八年级	九年级	
诗韵文德	基础课程	语文	●	●	●	每周 5 课时
		道德与法治	●	●	●	每周 3 课时
		历史	●	●	●	每周 2 课时
	拓展课程	诗歌的足迹	●			校本课程每期共 10 课时
		诗词大家		●		
		小小外交官	●			
		巴渝史话	●	●		
		国学书法	●			
		儒雅学子德育活动课程 入学课程	●			每年 20 课时
		礼仪课程	●	●	●	礼仪节每年 4 课时
		安全课程	●	●	●	每周 0.5 课时融入地方课程中
		法制课程	●	●	●	每周 0.5 课时融入地方课程中
		尊师课程	●	●	●	尊师节每年 4 课时
		家校课程	●	●	●	家长学校每期 4 课时
		诚信课程	●	●	●	儒雅学子评比每年 4 课时
		感恩课程	●	●	●	班会活动每期 10 课时
	个性课程	汉字听写	●	●		校本课程每期共 10 课时
		诗歌朗诵	●	●		校本课程每期共 10 课时
诗韵数学	基础课程	数学	●	●	●	每周 5 课时
	拓展课程	趣味数学	●			校本课程每期共 10 课时
		数学思维		●		
	个性课程	奥数训练			●	
诗韵外语	基础课程	英语	●	●	●	每周七年级 5 课时，八、九年级 4 课时
	拓展课程	英语欢乐多	●			校本课程每期共 10 课时
		英语真奇妙		●		
	个性课程	英语演讲			●	

续表

课程领域	课程类别	课程内容		课程分层			课时安排
				七年级	八年级	九年级	
诗韵身心	基础课程	体育与健康		●	●	●	每周3课时加1课时辅助活动
		地方课程		●	●	●	每周七年级2课时，八、九年级1课时
		环境教育		●	●	●	每3周1课时，融入地方课程
	拓展课程	阳光60分		●	●	●	体育锻炼实践每周0.5课时
		缤纷球类		●	●	●	校本课程每期共10课时
		儒雅学子德育活动课程	毕业课程			●	每年8课时
			信念课程	●	●	●	国旗下讲话、生涯规划每年8课时
			诗意课程	●	●	●	诗歌节、读书节每年8课时
			心灵课程	●	●	●	心理测评每年4课时
			体艺课程	●	●	●	体艺节每年16课时
			篮球课程	●	●	●	篮球节每年24课时
			协作课程	●	●	●	合唱节每年4课时
			研学课程	●			国防教育每年24课时
	个性课程	心灵驿站		●	●	●	心理咨询每期10课时
		缝纫制作		●			校本课程每期共10课时
		田径训练		●	●	●	每周4课时
		篮球训练		●	●	●	每周4课时
诗韵科学	基础课程	物理			●	●	每周八年级2课时，九年级3课时，各加辅助活动1课时
		化学				●	每周3课时加1课时辅助活动
		地理		●	●		七、八年级每周2课时
		生物		●	●		七、八年级每周2课时
		综合实践		●	●	●	每周2课时
		信息技术		●			每周1课时
	拓展课程	神奇的物理			●		校本课程每期共10课时
		生物多奇妙		●			
		科学探索			●		
		快乐中国行		●	●		
		快乐农场			●		

续表

课程领域	课程类别	课程内容	课程分层			课时安排
			七年级	八年级	九年级	
诗韵科学	个性课程	机器人课程	●	●		校本课程每期共 10 课时
		小小实验家	●	●		
		创客教育	●	●		
		奇松积木	●			
诗韵艺术	基础课程	音乐	●	●	●	音乐、美术每周共 3 课时
		美术	●	●	●	
		书法	●	●	●	每周 1 课时
	拓展课程	小百灵合唱	●			校本课程每期共 10 课时
		竖笛		●		
		启明版画	●	●		
		健身操		●		
	个性课程	素描		●	●	

课程的设置基于国家课程设置的相关规定和学生发展的需求而确定，既面向全体学生也面向分层学生，还面向个体学生需求，既对全体学生发展核心素养负责，也适应个体学生个性发展需求，做到统筹兼顾，全面发展，是学校诗韵课程的具体实施（表 8-8）。

6. 课时安排表

表 8-9　重庆市第三十九中学课程规划课时安排表

课程类别	课程内容	选修类型	课时安排			实施方式					备注
			七年级	八年级	九年级	课堂学习	主题活动	班会活动	专题讲座	实践活动	
基础课程	语文	必修	5	5	5	●					
	道德与法治	必修	3	3	3	●					
	历史	必修	2	2	2	●					
	数学	必修	5	5	5	●					
	英语	必修	5	4	4	●					
	体育与健康	必修	3+1	3+1	3+1	●					
	物理	必修		2+1	3+1	●					

续表

课程类别	课程内容	选修类型	课时安排			实施方式					备注
			七年级	八年级	九年级	课堂学习	主题活动	班会活动	专题讲座	实践活动	
基础课程	化学	必修			3＋1	●					
	地理	必修	2	2		●					
	生物	必修	2	2		●					
	信息技术	必修	1			●					
	音乐	必修	2	1	1	●					
	美术	必修	1	2	1	●					
	书法	必修	1	1	1	●					
	综合实践	必修	1	2	2		●	●		●	
	地方课程	必修	2	1	1	●				●	含环境教育、安全、法制
	环境教育	必修	0.3	0.3	0.3	●				●	融入地方课程
拓展课程	诗歌的足迹	选修	0.5			●					
	诗词大家	选修		0.5		●					
	小小外交官	选修	0.5			●					
	巴渝史话	选修	0.5	0.5		●				●	
	国学书法	选修	0.5			●					
	入学课程	必修	0.5				●	●	●	●	每年 20 课时
	礼仪课程	必修	0.1	0.1	0.1				●	●	每年 4 课时
	安全课程	必修	0.25	0.25	0.25			●	●	●	融入地方课程
	法制课程	必修	0.25	0.25	0.25			●	●	●	融入地方课程
	尊师课程	必修	0.1	0.1	0.1		●			●	每年 4 课时
	家校课程	必修	0.1	0.1	0.1				●		每年 4 课时
	诚信课程	必修	0.1	0.1	0.1		●	●			每年 4 课时
	感恩课程	必修	0.5	0.5	0.5		●	●			每期 10 课时
	趣味数学	选修	0.5			●					

续表

课程类别	课程内容	选修类型	课时安排			实施方式					备注
			七年级	八年级	九年级	课堂学习	主题活动	班会活动	专题讲座	实践活动	
拓展课程	数学思维	选修		0.5		●					
	英语欢乐多	选修	0.5			●					
	英语真奇妙	选修		0.5		●					
	阳光 60 分	必修	0.5	0.5	0.5					●	
	缤纷球类	选修	0.5			●				●	
	毕业课程	必修			0.2		●				
	信念课程	必修	0.2	0.2	0.2		●			●	每年 8 课时
	诗意课程	必修	0.2	0.2	0.2		●				
	心灵课程	必修	0.1	0.1	0.1				●	●	每年 4 课时
	体艺课程	必修	0.5	0.5	0.3		●			●	每年 20 课时
	篮球课程	选修	0.5	0.5	0.5		●			●	
	协作课程	必修	0.1	0.1	0.1		●				每年 4 课时
	研学课程	必修	0.5							●	每年 20 课时
	神奇的物理	选修		0.5		●					
	生物多奇妙	选修	0.5			●					
	科学探索	选修		0.5		●					
	快乐中国行	选修	0.5	0.5		●					
	快乐农场	选修		0.5						●	
	小百灵合唱	选修	0.5			●					
	竖笛	选修		0.5		●					
	启明版画	选修	0.5	0.5		●					
	健身操	选修		0.5		●					
个性课程	汉字听写	选修	0.5	0.5		●					
	诗歌朗诵	选修	0.5	0.5		●					
	奥数训练	选修			0.5	●					
	英语演讲	选修			0.5	●					
	心灵驿站	选修	0.5	0.5	0.5					●	
	缝纫制作	选修	0.5			●				●	

续表

课程类别	课程内容	选修类型	课时安排			实施方式					备注
			七年级	八年级	九年级	课堂学习	主题活动	班会活动	专题讲座	实践活动	
个性课程	篮球训练	选修	4	4		●				●	
	田径训练	选修	4	4		●				●	
	机器人课程	选修	0.5	0.5		●				●	
	小小实验家	选修	0.5	0.5		●				●	
	创客教育	选修	0.5	0.5		●				●	
	奇松积木	选修	0.5			●				●	
	素描	选修		0.5	0.5	●				●	
合计			40	40	40						

注：根据《义务教育课程方案》和《重庆市关于调整普通中小学课程计划的通知》相关文件精神设置课时安排，并全部折算成周课时计算。

课时的安排，严格按照《义务教育课程方案》和《重庆市义务教育课程安排表》进行，既有按周课时安排的基础课程，也有按照学年或学期课时进行安排的拓展课程和个性课程，无论是基础课程、拓展课程还是个性课程，都根据学生发展需求、学校诗韵课程特色和相关规定实施。课时的设置总量不超过规定的每期 40 课时，拓展课程和个性课程分别按学年或学期折算成周课时。在课程的实施方面，力求形式的多样化。主要有课堂学习、主题活动、班会活动、专家讲座、实践活动等多种实施方式，既丰富了学生的学习生活，也培养了学生发展的核心素养，突出诗韵课程的特色发展，充分彰显"诗韵三九，大雅至善"的办学理念。

（六）综合案例 6：重庆市长生桥中学可视化课程规划

重庆市长生桥中学 1942 年 9 月诞生于原巴县长生乡三益书院，时名为"民兴中学"。学校现有教职工 152 人，其中专任教师 132 人。学校为普通完全中学，分初中与高中，共 35 个教学班（初中 13 个教学班，高中 22 个教学班），在校生人数 1,687 人（初中 641 人，高中 1,046 人）。初中学生主要源自进城务工子女，高中学生近一半未达联招分数。预计三年后，新校规模达到 102 个教学班，学生数将达 5,000 人。

学校以培养全面发展而富有个性的人为目标，秉承"生本教育感悟人生意义，多元启智提升人生价值"的办学理念，围绕"长才雅度，仁德润生"的校训，系统架构了富有长中特色的"生本教育，生长课程"体系，开发了多门满足学生个性发展需求的精品课程，努力把学校建设成为仁德求实、生本为尚的品质高中。

1. SWOT 战略分析图

图 8 - 21　重庆市长生桥中学课程规划 SWOT 战略分析图

学校正处在历史发展提升时期，机遇与挑战并存，基于 SWOT 战略分析，对学生素养形成和课程规划进行重新审视（图 8 - 21）。

SO 战略：开展生涯规划教育，挖掘学生潜能，发展优势智能。充分挖掘课程资源，开发适合学生需求的课程。开展新高考研究（课标、教学、试题……）。落实选课走班制度，健全课程管理制度和课程发展评价制度。

WO 战略：更新完善教学设施设备。加强学习型组织建设，提高管理效能。开展新高考研究项目。建立教师发展荣誉制。建立学生成长荣誉制。

ST 战略：建设家长学校，加强家庭教育指导。开展生本课程，促进学生个性发展。加强有针对性的教师培养（订单式培养）。厘清部门职能职责，完善激励制度。

WT 战略：开设家长课堂，改变家庭教育观念。盘活教师存量，引进优秀师资。

进一步深化学校内部治理。加强学校文化建设。

2. 培养目标图

如图 8 - 22 所示，重庆市长生桥中学课程规划培养目标图包含以下内容。

一个主体——培养全面发展，富有个性的人。

图 8 - 22　重庆市长生桥中学课程规划培养目标图

全面发展，即面向全体学生，让学生德智体美劳等基本素养都得到培育，实现身心和谐发展。富有个性，即在全面发展的基础上，顾及每个学生身心发展的特点，发展其优势智能因材施教，让学生的兴趣和特长得以生长，引导学生多元发展，最终，培养德才兼备、兼具个性的长中学生。

四个维度——仁德、润生、长才、雅度。

四个维度取自长中"长才雅度、仁德润生"的校训。长才是基础，才能优异，学识超群，博采众长，底蕴深厚，方能成就卓越之人；雅度是境界，气度高雅，胸怀开阔，海纳百川，兼收并蓄，才能立足时代前沿。仁德是根本，忠厚实诚，德性向善，根深方能叶茂，源远方能流长；润生是目标，尊重个体，润泽生命，遵循教育规律，以生为本，培育时代新人。

十二个基本要点。学校立足实际，确立了四个类别的十二个基本要点表现为：仁德——国家意识、社会良知、人际情感；润生——自立自尊、自信诚信、坚韧恒心；长才——博学广识、问题解决、特长优势；雅度——人文积淀、艺术修养、礼仪行为。

3. 课程层级图

重庆市长生桥中学校的生长课程分为基础型课程、拓展型课程和个性化课程三个层级（图 8 - 23）。

基础型课程。依据与定义：基础型课程是依据教育部制定、颁布的课程管理与开发政策、课程方案，各类课程的比例和范围，教材编写、审查和选用制度等，是国家规定的课程。它集中体现一个国家的意志，专门为培养未来的公

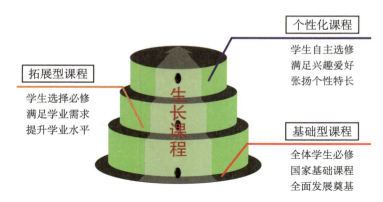

图 8-23　重庆市长生桥中学课程规划课程层级图

民而设计，是依据未来公民接受教育之后所要达到的共同素质而开发的课程。作用与价值：基础性课程是全体学生必修的课程，初中包含 13 门，高中包含 14 门。保证所有学生都享有在一定领域内的学习权利，获得知识、发展智力，为学生的全面发展奠定基础。

拓展型课程。依据与定义：拓展型课程是基于基础性课程之上，学校依据培养目标，通过对学科课程的延伸和跨学科课程整合而开发的校本课程。作用与价值：拓展性课程是供全体学生自主选修的课程，满足不同学生学业需求，提升学生学业水平。

个性化课程。依据与定义：个忼化课程是依据学生个性特长、兴趣爱好、智力优势以及未来职业需求，由学校提供，适合学生个性化发展的课程。作用与价值：个性化课程是由学生自主选修的课程，旨在培养学生的兴趣爱好，发展学生个性特长，为满足学生未来职业需求。

4. 课程群图

生长课程群图谱						
基础型课程		拓展型课程		个性化课程		
领域	学科	学科延伸	学科整合	兴趣爱好	个性特长	职业需求
语言与文学	语文	1. 语文阅读赏析 2. 课本剧编写	1. 校园微剧创作与表演			
	外语	3. 英文报刊选读与赏析				
数学	数学	4. 数学问题的解决策略 5. 数学思维的培养				

续表

基础型课程		拓展型课程		个性化课程		
人文与社会	思想政治	6. 时事政治				
	历史	7. 探秘巴蜀文化	2. 二十四节气与民俗文化			
科学	地理	8. 趣游天下	3. 重庆老地名探微			
	物理	9. 物理DIY				
	化学	10. 趣味化学				
	生物	11. 葡萄酒酿造与文化品鉴	4. 池塘养鱼技术与鱼骨画创作基础	1. 叶脉书签的制作		
体育与健康	体育与健康	12. 田径 13. 武术（套路、散打）			1. 田径 2. 武术	
技术	健康技术					
	通用技术	14. 车库使用技术				
艺术	艺术或音乐	15. 合唱			3. 舞蹈 4. 声乐	1. 影视编导
	美术	16. 书法临创与赏析	5. 插花艺术 6. 十字绣艺术课程	2. 不织布贴花艺术 3. 手工珠编艺术	5. 素描	2. 室内装饰画
综合实践活动	研究性学习					
	社区服务					
	社会实践					

图 8－24　重庆市长生桥中学课程规划课程群图

如图 8－24 所示，重庆市长生桥中学课程规划课程群图包含以下内容。

基础型课程群：依据国家基础教育课程设置，将语文、外语、数学、思想政治、历史、地理、物理、化学、生物、信息技术、通用技术、体育与健康、音乐、美术等 14 门国家基础课程，按照其学科性质分为语言与文学、数学、人文与社会、科学、体育与健康、技术、艺术及综合实践活动，共八大学习领域。

拓展型课程群：拓展型课程包括学科延伸课程和学科整合课程。为满足不同水平学生的学业需求，学校利用现有课程资源，对学科课程进行延伸和拓展，开发了语文阅读赏析、课本剧编写、物理 DIY、趣味化学、时事政治、探秘巴蜀文化等16门学科延伸课程。为提高学生对学科知识的综合运用能力，学校还通过对两门以上的学科课程进行整合，开发了6门学科整合课程。如"校园微剧创作与表演"课程融合了语文、英语、音乐、美术等相关学科，旨在培养集创、编、演一体的复合型人才。"池塘养鱼技术与鱼骨画创作基础"课程、"校园微剧创作与表演"课程已申报为重庆市普通高中精品选修课程并立项建设。"二十四节气与民俗文化"课程开发与实践研究被教育部确立为第三批校本课程建设研究项目。

个性化课程群：个性化课程按照不同的培养目标，分为兴趣爱好类、个性特长类和职业需求类。兴趣爱好类课程旨在根据学生不同的性格特点，开展有趣活动，增加知识储备，培养优良的兴趣品质。个性特长类课程侧重于挖掘和发展学生优势智能。职业需求类课程旨在满足学生未来职业发展需求。目前学校已开发了"叶脉书签制作"等3门兴趣爱好类课程，"田径""舞蹈"等5门个性特长类课程和"影视编导"等2门职业需求类课程，供学生自主选修。

5. 课程设置表

表 8 - 10　重庆市长生桥中学课程规划课程设置表

领域		年级 课时总量	七年级	八年级	九年级	高一		高二		高三	
						文	理	文	理	文	理
基础型课程	语文与文学	语文	216	216	216	180	180	216	215	216	216
		外语	180	144	144	180	180	216	215	216	216
	数学	数学	180	180	180	180	180	216	215	216	216
	人文与社会	思想政治	108	108	108	108	72	144	36	180	
		历史	72	72	72	108	72	144		180	
		地理	72	72		108	72	144		180	
	科学	物理		72	108	72	144		144		180
		化学			108	72	108		144		180
		生物	72	72		72	108		144		180
	体育与健康	体育与健康	108	108	108	72	72	72	72	72	72
	技术	信息技术	36	36		36	36	36	36	36	36
		通用技术				36	36	18	18		
	艺术	艺术或音乐	54	36	54	18	18	18	18		
		美术	54	36	54	18	18	18	18		

续表

领域 \ 课时总量 \ 年级			七年级	八年级	九年级	高一		高二		高三	
						文	理	文	理	文	理
基础型课程	综合实践活动	研究性学习	36	36	36	36	36	36	36		
		社区服务									
		社会实践									
	班会		36	36	36						
拓展型课程	学科延伸课程 16 门		108	108	144	72	18	72	72	72	72
	学科整合课程 6 门		36	36	36	36	36	36	36		
个性化课程	兴趣爱好课程 3 门		36	36	36						
	个性特长课程 5 门		36	36	36	36	36	36	36	36	36
	职业需求课程 2 门							36	18	36	36

由表 8-10 可知，重庆市长生桥中学课程规划课程设置表包含如下内容。

基础型课程设置：基础型课程依据普通高中《课程标准》和《重庆市义务教育课程安排表》进行设置。七年级开设的课程包括语文、英语、数学、思想政治、历史、地理、生物、体育与健康、信息技术、音乐、美术、研究性学习、班会 13 门课程。八年级增加了物理学科。生物、地理学科在八年级结业，九年级新增化学学科。高一开了 14 门学科课程及研究性学习，文理分科之后，相关学科课时设置有所不同。高二完成学业水平考试之后，学科课时会做适当调整。高三主要设置高考相关学科，并在课时设置上向高考学科倾斜。

拓展型课程设置：拓展型课程由学生自主选课，实施方式以走班教学为主。学科延伸课程主要为学生提升学业水平服务，学生自主选修比例高，课时相对较多，各个年级均开设。学科整合课程对学生的能力要求较高，学生选修比例较低，因占用学生课外时间较多，在高三没有设置。

个性化课程设置：个性化课程由学生自主选课，走班教学。兴趣爱好类课程主要针对初中学生，利用其好奇心，激发学习兴趣。个性特长类课程所有年级学生均可自主选修，以发展其优势智能。职业需求类课程主要针对高二和高三学生，为高考和未来职业选择奠定基础。

6.课时安排表

课时总量核算说明：以学年为单位，学科周课时数×36 周（每学期按 18 周教学时间计算）。

表8-11 重庆市长生桥中学课程规划课时安排表

层级	基础型课程									艺术		技术		班会	研究性学习	拓展型课程			个性化课程			周总课时
周课时 科目 年级	语文	数学	英语	物理	化学	生物	历史	地理	思品(政治)	体育与健康	音乐	美术	信息技术	通用技术			学科延伸	学科整合	兴趣爱好	个性特长	职业需求	
七年级	6	5	5			2	2	2	3	3	1.5	1.5	1		1	1	3	1	1	1		40
八年级	6	5	4	2		2	2	2	3	3	1	1	1		1	1	3	1	1	1		40
九年级	6	5	4	3	3		2		3	3	1.5	1.5			1	1	4		1	1		40
高一 文	5	5	5		2	2	3	3	3	2	0.5	0.5	1	1		1	2	1		1		40
高一 理	5	5	5	4	3	3	2	2	2	2	0.5	0.5	1	1		1	1	1		1		40
高二 文	6	6	6		4		4	4	4	2	0.5	0.5	0.5	0.5		1	2	1		1	1	40
高二 理	6	6	6	4	4	4			2	2	0.5	0.5	0.5	0.5		1	2			0.5	0.5	40
高三 文	6	6	6		5		5	5	5	2			1				2			1	1	40
高三 理	6	6	6	5	5	5				2			1				2			1	1	40

　　由表 8-11 可知，重庆市长生桥中学课程规划课时安排表的内容如下。

　　基础型课程（周）课时说明：基础型课程课时量占总课时量的 85%～90%，各学科周课时安排，依据《普通高中课程方案》和《重庆市义务教育课程安排表》进行。初中年级每周 1 课时班会课，研究性学习在初中和高一、高二年级每周 1 课时。

　　拓展型课程（周）课时说明：拓展型课程课时量占总课时量的 5%～10%，初中课时量多于高中。课时安排偏重于学科延伸课程，学科整合课程每周 1 课时。

　　个性化课程（周）课时说明：个性化课程占总课时量的 5%，初中的兴趣爱好类课程和个性特长类课程各 1 课时，高中个性特长类课程和职业需求类课程各排 1 课时，特殊情况做适当调整。

后　记

　　课程规划是一个文本，也是一个符号，更是一个图景。它标识着学校课程建设的起点，记录着学校内涵发展的历程，凝聚着全校师生家长的殷切期待与美好愿景。一份课程规划的诞生，就是一个教育共识的达成，就是一个共同愿景的绘就，就是一个行动共同体的形成。课程规划是一门科学，它有自己的基本范式，值得我们投入专业的研究；课程规划也是一门艺术，它有几乎无限的样式和无限的发展可能，具有不可复制的创造性，值得我们投入激情去探索。在信息技术裂变的时代，我们再一次进入读图时代（第一次是文字发明前），课程规划也迎来了可视化表达的新篇章。很多时候，一图胜千言，一表览全局。绘制课程规划信息图表的过程，就是思维再提炼再升华的过程；阅览课程规划信息图表的过程，就是愿景再展现、个体再理解的过程。

　　正是在这样的时代背景下，我们南岸教育人在一期课程领导力建设的基础上，不断追求课程规划科学性与艺术性的统一，在课程规划的可视化探索方面迈出了积极的第一步，向着充满教育味、智慧与美丽共存的课程规划而努力。这本书就是切片式地记录了南岸教育人在课程规划可视化方面所做的积极探索，记录了我们的思考所悟、研究所得与实践所获。

　　本书的编写，其核心内容就是百余张图表的呈现与分析，这百余张图表是重庆市南岸区全体学校及其相关人员的智慧贡献，图表及其基本解释均由学校相关教师供稿（相关情况描述及数据截至 2018 年 10 月），前言由李仁杰供稿，全书由吴灯、朱静萍、方晓霞编撰和统稿。

　　在本书的编写过程中，编者得到了多方的指导与帮助，如教育部基础教育课程教材发展中心、重庆市教委、重庆市教育科学研究院等单位的领导与专家的大力支持，其中重庆市南岸区教委、南岸区教师进修学院更是提供了全方位的鼎力支持。同时，更得到了全区各中小学、幼儿园的全力支持，没有全区各校共同实践与无私付出，就没有这本书的问世。另外，本书在编写过程中也参考吸收了不少前人研究成果，饱含着出版社编辑的辛勤付出，获得了其他各种帮助与支持，在此一并表示感谢。

在即将付梓之际，编者们既感到欣喜与激动，因为这是全区各校课程建设探索成果的可视化；同时，也感到惶恐与遗憾，因为课程规划值得持续深化与探索，越了解越感到未知的领域太多。由于编者水平有限及课程规划的综合性、复杂性、持续更新性等原因，书中难免有不足之处，敬请读者批评指正。